...ados y aplicados

Conoce
tu
Biblia

inspiración para la vida
CASA PROMESA
Una división de Barbour Publishing, Inc.

© 2010 por Casa Promesa
ISBN 978-1-61626-102-3
Título en ingles: *Know Your Bible*
© 2008 por Barbour Publishing, Inc.

Desarrollo editorial: *Semantics*, P.O. Box 290186, Nashville, TN 37229 - semantics01@comcast.net

Publicado por Casa Promesa, PO Box 719, Uhrichsville, Ohio 44683, www.casapromesa.com

Nuestra misión es publicar y distribuir productos inspiradores que ofrezcan valor excepcional y motivación Bíblica al publico.

Contenido

Génesis...........7

Éxodo...........9

Levítico 11

Números 12

Deuteronomio...........13

Josué 15

Jueces 17

Rut...........19

1 Samuel 20

2 Samuel 22

1 Reyes...........24

2 Reyes...........26

1 Crónicas...........28

2 Crónicas...........29

Esdras 30

Nehemías 31

Ester...........32

Job 33

Salmos 35

Proverbios 37

Eclesiastés 39

Cantar de los Cantares 40

Isaías 41

Jeremías...........43

Lamentaciones 44

Ezequiel 45

Daniel 46

Oseas 48

Joel...........49

Amós...........50

Abdías...........51

Jonás 52

Miqueas 54
Nahum 55
Habacuc..56
Sofonías 57
Hageo 58
Zacarías 59
Malaquías 60
Mateo 61
Marcos..63
Lucas..65
Juan 67
Hechos..69
Romanos..71
1 Corintios..73
2 Corintios..75
Gálatas..76
Efesios.. 77
Filipenses 78
Colosenses...79
1 Tesalonicenses 80
2 Tesalonicenses 81
1 Timoteo 82
2 Timoteo 83
Tito.. 84
Filemón...85
Hebreos...86
Santiago 88
1 Pedro..89
2 Pedro.. 90
1 Juan 91
2 Juan 92
3 Juan 93
Judas...94
Apocalipsis...95

Introducción

A través de sesenta y seis libros diferentes, 1.189 capítulos y cientos de miles de palabras, la Biblia expresa un mensaje extraordinario: Dios te ama.

Desde el primer capítulo de Génesis, en el que Dios crea a los seres humanos, hasta el último de Apocalipsis, en el que los invita a todos a tomar «del agua de la vida gratuitamente» (22.17), la Biblia comprueba que Él está íntimamente involucrado, familiarizado y preocupado por la vida de las personas. Su asombroso amor se muestra en la muerte de su Hijo Jesucristo en la cruz. Ese sacrificio por el pecado permite que cualquiera pueda estar bien con Dios mediante una fe simple en la obra de Jesús.

Estas verdades se encuentran en las páginas de la Escritura. Aunque a veces pueden quedar ocultas por la gran cantidad de información que la Biblia contiene. Es por ello que se escribió *Conoce tu Biblia*.

En este pequeño libro, encontrarás estudios breves de todos los sesenta y seis libros de la Biblia. Cada resumen que esta obra trata está enfocado en el marco del amor de Dios y su preocupación por la gente. Cada uno de ellos sigue el esquema a continuación:

- AUTOR: quién escribió el libro, de acuerdo a la Biblia en sí misma o a la tradición antigua.

- FECHA: cuándo se escribió el libro o el tiempo en que se desarrolló.

- EN POCAS PALABRAS: «un vistazo breve» a la clave del tema de cada libro.

- VISTAZO GENERAL: Una reseña de las personas clave, los acontecimientos y los mensajes incluidos en el libro.

- DIGNO DE DESTACAR: uno, dos o varios versículos clave del libro.

- Único e inusual: Hechos —algunos serios, otros menos— que hacen que el libro se distinga.

- Aplicación: Un pensamiento o devocional de inspiración para cada libro.

Tu Biblia es importante, sin duda vale la pena conocerla. ¡Utiliza este libro para iniciar una jornada de descubrimiento que realmente pueda transformar tu vida!

GÉNESIS

AUTOR

No se indica, pero tradicionalmente se atribuye a Moisés.

FECHA

Moisés vivió alrededor del año 1400 A.C., pero los acontecimientos de Génesis datan desde el comienzo del tiempo.

EN POCAS PALABRAS

Dios crea el mundo y escoge a un pueblo especial.

VISTAZO GENERAL

El primer libro de la Biblia nunca explica a Dios, simplemente asume su existencia: «En el principio … Dios …» (1.1). Los capítulos 1 y 2 describen como Dios creó el universo y todas las cosas, con una simple frase: «Y dijo Dios ... Y fue así» (1.6-7, 9, 11, 14-15). Los seres humanos, sin embargo, recibieron un tratamiento especial, de modo que «Dios formó al hombre del polvo de la tierra, y sopló en su nariz aliento de vida» (2.7), y la mujer fue hecha de una costilla del hombre. Las primeras dos personas, Adán y Eva, vivieron en la perfección, pero arruinaron el paraíso por desobedecer a Dios a instancias de una «sutil» (astuta, 3.1) serpiente. El pecado precipitó a los humanos a una estrepitosa caída moral en la que el primer hijo —Caín— asesinó a su hermano Abel. La gente pecaba tanto que Dios decidió acabar con la tierra por medio del diluvio, salvando sólo al justo Noé y su familia en un arca (barco), llena de animales. Después de repoblar la tierra, Dios escoge a un hombre llamado Abram como patriarca de un pueblo especialmente bendecido, más tarde llamado «Israel», un nombre alterno de Jacob, el nieto de Abram. Génesis concluye con José, el hijo de Jacob, por una cadena de acontecimientos milagrosos, rigiendo en Egipto, preparando el escenario del siguiente libro, Éxodo.

DIGNO DE RESALTAR

Y dijo Dios: Sea la luz; y fue la luz (1.3).

Y Jehová dijo a Caín: ¿Dónde está Abel tu hermano? Y él respondió: No sé. ¿Soy yo acaso guarda de mi hermano? (4.9)

Pero Noé halló gracia ante los ojos de Jehová (6.8).

Y creyó [Abraham] a Jehová, y le fue contado por justicia (15.6).

ÚNICO E INUSUAL

Génesis rápidamente introduce el concepto de un Dios en múltiple personas, un concepto más tarde llamado Trinidad: «Entonces dijo Dios: Hagamos al hombre a nuestra imagen, conforme a nuestra semejanza» (1.26). Además, con mucha anticipación, Dios nos da una idea acerca del sufrimiento futuro de Jesús y su triunfo cuando maldice a la serpiente por engañar a Eva: «Y pondré enemistad entre ti y la mujer, y entre tu simiente y la simiente suya; ésta te herirá en la cabeza, y tú le herirás en el calcañar» (3.15).

APLICACIÓN

Génesis responde a la gran pregunta: «¿De dónde vengo?» Conocer la respuesta puede darnos significado en un mundo que, de otra manera, sería difícil de entender.

ÉXODO

AUTOR

No se indica, pero tradicionalmente se atribuye a Moisés. En Éxodo 34.27 Dios le dice a Moisés: «Escribe tú estas palabras»; y Jesús, en Marcos 12.26, cita palabras del Éxodo como «el libro de Moisés».

FECHA

Aproximadamente a mediados de 1400 A.C.

EN POCAS PALABRAS

Dios libera a su pueblo, los israelitas, de la esclavitud en Egipto.

VISTAZO GENERAL

Los israelitas prosperan en Egipto, después de haberse establecido allí por invitación de José, bisnieto de Abraham, que llegó al país como esclavo y se convirtió en el segundo al mando de ese país. Cuando José muere, el nuevo faraón ve a la familia de los israelitas como una amenaza creciente, por lo que los hace sus esclavos. Dios escucha los profundos gemidos de los israelitas, recordando «su pacto con Abraham, Isaac y Jacob» (2.24), por lo cual levantó a Moisés como su libertador. Dios habla a través de una zarza ardiente y Moisés acepta a regañadientes exigir la libertad de los israelitas a Faraón. Para quebrantar la voluntad de Faraón, Dios envía diez plagas sobre Egipto terminando con la muerte de todos los primogénitos, excepto los de los israelitas. Para evitar la muerte de sus primogénitos, ellos pusieron la sangre del sacrificio sobre los dinteles de las puertas, lo que hizo que el ángel de la muerte «pasara por alto» (12.13) sus casas. Faraón al fin permite que los israelitas salgan del país (el «Éxodo»), y Dios divide el Mar Rojo para que su pueblo que estaba siendo perseguido por soldados egipcios lo atravesara. En el Monte Sinaí, Dios entrega los Diez Mandamientos, las reglas para el culto y las leyes para transformar a la familia en una nación. Como Moisés se demoró en la montaña, la gente empezó a adorar a un becerro de oro, trayendo una plaga sobre ellos mismos. Moisés vuelve a restaurar el orden y el Éxodo termina con el pueblo que continúa su viaje hacia la «tierra prometida» de Canaán, siguiendo la «columna de nube» de Dios por el día, y la «columna de fuego» por la noche.

DIGNO DE RESALTAR

Y respondió Dios a Moisés: YO SOY EL QUE SOY. Y dijo: Así dirás a los hijos de Israel: YO SOY me envió a vosotros (3.14).

Jehová ha dicho así: Deja ir a mi pueblo (8.1).

Y veré la sangre y pasaré de vosotros (12.13).

No tendrás dioses ajenos delante de mí (20.3).

ÚNICO E INUSUAL

Dios les dijo a los israelitas que celebraran la «Pascua» con una comida especial de pan sin levadura (12.14-15). Tres mil años más tarde, los judíos todavía conmemoran este acontecimiento.

APLICACIÓN

La historia de la redención en el Éxodo es una clara exposición de cómo Dios rescata a su pueblo de la esclavitud egipcia. De la misma manera, Jesús nos liberta de los lazos del pecado (Hebreos 2.14-15).

LEVÍTICO

AUTOR
Aun cuando no se indica, tradicionalmente es atribuido a Moisés.

FECHA
Aproximadamente a mediados de 1400 A.C.

EN POCAS PALABRAS
El Dios santo explica cómo se le debe adorar.

VISTAZO GENERAL
Levítico, que significa «acerca de los levitas», describe la forma en que la línea familiar debe dirigir a los israelitas en la adoración. El libro proporciona leyes ceremoniales en oposición a las leyes morales del Éxodo, que describe las ofrendas a Dios, las restricciones dietéticas y los ritos de purificación. Los días especiales o santificados —incluidos el Sábado, la Pascua y el de expiación (Yom Kippur)— se deben guardar. La familia de Aarón, el hermano de Moisés, es ordenada formalmente como la familia sacerdotal de Israel. Levítico enumera las bendiciones de la obediencia y los castigos de la desobediencia.

DIGNO DE RESALTAR
Seréis santos, porque yo [Dios], soy santo (11.44).

La vida de la carne en la sangre está ... y la misma sangre hará expiación de la persona (17.11).

ÚNICO E INUSUAL
El escritor de Hebreos contrasta los sacrificios de sangre de Levítico con la muerte de Jesús en la cruz, diciendo «que no tiene necesidad cada día, como aquellos sumos sacerdotes, de ofrecer primero sacrificios ... porque esto lo hizo una vez para siempre, ofreciéndose a sí mismo» (7.27).

APLICACIÓN
A pesar de que no vivimos bajo las normas de Levítico, todavía servimos a un Dios santo; por lo que le debemos tratar como tal.

NÚMEROS

AUTOR

No se indica, pero tradicionalmente atribuido a Moisés.

FECHA

Aproximadamente 1400 A.C.

EN POCAS PALABRAS

Los israelitas vagaron, cuarenta años en el desierto de Sinaí, dudando.

VISTAZO GENERAL

Números comienza con un censo —de ahí el nombre del libro. Catorce meses después de salir los israelitas de Egipto, el número de hombres era 603,550, sin incluir los levitas. Esta cantidad de gente, la recién formada nación de Israel, comienza una marcha de aproximadamente trescientos veintiún kilómetros hacia la «tierra prometida» de Canaán, un viaje que tardaría décadas en completarse. El retraso fue un castigo de Dios a la gente que se quejaba por la falta de alimentos y agua; se rebelaron contra Moisés y dudaron en entrar a Canaán, debido a los poderosos que ya vivían allí. Dios decretó que toda esa generación moriría en el desierto, dejando la tierra prometida a una nueva generación de israelitas más obediente.

DIGNO DE RESALTAR

Jehová, tardo para la ira y grande en misericordia, que perdona la iniquidad y la rebelión (14.18).

ÚNICO E INUSUAL

Hasta Moisés perdió la bendición de entrar a la tierra prometida, como castigo por desobedecer a Dios cuando golpeó la roca en lugar de hablarle, una peña de la que Dios haría brotar agua milagrosamente (20.1-13).

APLICACIÓN

Dios odia el pecado y lo castiga. Debemos estar agradecidos porque Jesús tomó ese castigo por nosotros.

DEUTERONOMIO

AUTOR

Tradicionalmente atribuido a Moisés, esta idea se fundamenta en Deuteronomio 31.9: «Y escribió Moisés esta ley, y la dio a los sacerdotes ... y a todos los ancianos de Israel».

El capítulo 34 registra la muerte de Moisés, la cual fue probablemente escrita por su sucesor, Josué.

FECHA

Aproximadamente 1400 A.C.

EN POCAS PALABRAS

Moisés les recuerda a los israelitas su historia y las leyes de Dios.

VISTAZO GENERAL

Con un nombre que significa «segunda ley», Deuteronomio registra las palabras finales que Moisés les dijo a los israelitas para preparar su entrada en la tierra prometida. Cuarenta años pasaron desde que Dios dictó su ley en el Monte Sinaí, y toda la generación que experimentó ese trascendental acontecimiento murió. De modo que Moisés le recuerda a la nueva generación tanto los mandamientos divinos como su historia nacional, ya que se preparan para la entrada a Canaán. La invasión se producirá bajo el liderazgo de Josué, ya que Moisés sólo *verá* la tierra prometida desde el Monte Nebo. «Y murió allí Moisés siervo de Jehová ... Y lo [Dios] enterró en el valle, en la tierra de Moab ... y ninguno conoce el lugar de su sepultura hasta hoy» (34.5-6). Y tenía Moisés 120 años de edad.

DIGNO DE RESALTAR

Oye, Israel: Jehová nuestro Dios, Jehová uno es (6.4).

Amarás a Jehová tu Dios de todo tu corazón, y de toda tu alma, y con todas tus fuerzas (6.5).

El Dios celoso, Jehová tu Dios, en medio de ti está (6.15).

ÚNICO E INUSUAL

Las citas de Deuteronomio se presentan en el Nuevo Testamento docenas de veces, incluyendo tres acerca de la historia de la tentación de Jesús en el desierto, en Mateo 4.1-11. El Señor derrotó a Satanás mediante la reafirmación de Deuteronomio 8.3 («Para hacerte saber que no solo de pan vivirá el hombre, mas de todo lo que sale de la boca de Jehová vivirá el hombre»); 6.16 («No tentaréis a Jehová vuestro Dios») , y 6.13 («A Jehová tu Dios temerás, y a él solo servirás»).

Los Diez Mandamientos, por lo general, se encuentran en Éxodo 20 y se repiten en su totalidad en Deuteronomio 5.

APLICACIÓN

Deuteronomio deja claro que las reglas y las expectativas de Dios no están destinadas a limitarnos ni a frustrarnos, sino a beneficiarnos: «Oye, pues, oh Israel, y cuida de ponerlos por obra, para que te vaya bien en la tierra que fluye leche y miel, y os multipliquéis, como te ha dicho Jehová el Dios de tus padres» (6.3).

Josué

Autor

Tradicionalmente atribuido a Josué, a excepción de los últimos cinco versículos (24.29-33), que describen su muerte y su legado.

Fecha

Aproximadamente 1375 A.C.

En pocas palabras

Los israelitas conquistan y se establecen en la tierra prometida de Canaán.

Vistazo general

Al morir Moisés y toda una generación de israelitas desobedientes, Dios le habla a Josué para conducir al pueblo hacia Canaán, la tierra prometida. En Jericó, enfrentan el primer gran obstáculo; Rahab, la prostituta, ayuda a los espías israelitas y se gana la protección de la destrucción de la ciudad: Dios derrumba los muros. El ejército de Josué marcha alrededor de la ciudad, tocando trompetas y gritando. Josué conduce una exitosa campaña militar para eliminar de la tierra a los adoradores de ídolos: hititas, amorreos, cananeos, ferezeos, heveos y jebuseos. En un momento dado, Dios contesta la oración de Josué para que el sol se detuviera, lo que le permite más tiempo para terminar la batalla (10.1-15). Las ciudades principales fueron conquistadas, Josué divide la tierra entre las doce tribus de Israel, recordando al pueblo que permanezca fiel al Dios que los guió a casa: «Quitad, pues, ahora los dioses ajenos que están entre vosotros, e inclinad vuestro corazón a Jehová Dios de Israel» (24.23).

Digno de resaltar

Mira que te mando que te esfuerces y seas valiente; no temas ni desmayes, porque Jehová tu Dios estará contigo en dondequiera que vayas (1.9).

Un varón de vosotros perseguirá a mil; porque Jehová vuestro Dios es quien pelea por vosotros, como él os dijo (23.10).

Escogeos hoy a quién sirváis … Yo y mi casa serviremos a Jehová (24.15).

ÚNICO E INUSUAL

Josué es uno de los pocos grandes personajes de la Biblia que parecía hacerlo todo bien; era un líder fuerte, totalmente entregado a Dios, que nunca cayó en pecado ni hay registro de que haya desobedecido. Solo se registra un error: la experiencia de Josué con los gabaonitas, uno de los grupos que debía haber destruido. Temiendo por sus vidas, ellos se presentaron ante Josué vestidos con ropas viejas, cargando panes enmohecidos y secos, alegando que habían llegado de una tierra lejana. Josué y los líderes de Israel, «no consultaron al consejo del Señor» (9.14) y acordaron establecer un tratado de paz. Cuando Josué supo la verdad, honró su acuerdo con los gabaonitas, pero los hizo esclavos.

APLICACIÓN

Josué muestra una y otra vez cómo bendice Dios a su pueblo. La tierra prometida era el regalo de Él para ellos, al igual que las victorias militares que Él se ingeniaría.

JUECES

AUTOR

Desconocido; algunos sugieren que fue el profeta Samuel.

FECHA

Escrito aproximadamente en 1050 A.C., abarca los acontecimientos ocurridos ya en 1375 A.C.

EN POCAS PALABRAS

Israel pasa por ciclos de pecado, sufrimiento y salvación.

VISTAZO GENERAL

Después de la muerte de Josué, los israelitas pierden el ímpetu y la motivación de mantener a la gente pagana fuera de la tierra prometida. «Mas al jebuseo que habitaba en Jerusalén no lo arrojaron los hijos de Benjamín» (1.21) es una declaración característica de muchas tribus que permiten a los adoradores de ídolos permanecer en medio de ellos con resultados trágicos. «Mas vosotros no habéis atendido a mi voz», le dice Dios a su pueblo. «Serán azotes para vuestros costados, y sus dioses os serán tropezadero» (2.2-3). Eso es exactamente lo que sucede, así es como los israelitas inician un ciclo adorando ídolos, sufriendo el castigo por los atacantes, clamando a Dios por ayuda y recibiéndola en forma de juez humano (o «libertador») que restaura el orden. Algunos jueces menos conocidos incluyen a: Otoniel, Ehud, Tola, Jair y Jefté, mientras otras figuras más familiares son: Débora, la única jueza, que dirigió una victoria militar contra los cananeos; Gedeón, que probó la voluntad de Dios con un vellón y derrotó a los ejércitos de Madián, y el sorprendentemente fuerte Sansón, que derrotó a los filisteos. La gran debilidad de Sansón: su amor por las mujeres fáciles como Dalila, que lo condujo a su caída y posterior muerte en un templo filisteo.

DIGNO DE RESALTAR

Dejaron a Jehová el Dios de sus padres, que los había sacado de la tierra de Egipto, y se fueron tras otros dioses, los dioses de los pueblos que estaban en sus alrededores, a los cuales adoraron; y provocaron a ira a Jehová (2.12).

Y Jehová levantó jueces que los librasen de mano de los que les despojaban (2.16).

Y Jehová dijo a Gedeón: El pueblo que está contigo es mucho para que yo entregue a los madianitas en su mano, no sea que se alabe Israel contra mí, diciendo: Mi mano me ha salvado (7.2).

ÚNICO E INUSUAL

Algunos jueces tenían familias extrañas, según los estándares de hoy: Jair tuvo treinta hijos (10.4); Abdón tuvo cuarenta (12.14) e Ibzán treinta hijos y treinta hijas (12.9). Jefté solo tuvo uno, una hija, a quien tontamente prometió sacrificarla a Dios a cambio de una victoria militar (11.30-40).

APLICACIÓN

Los antiguos israelitas se metieron en problemas porque «cada uno hacía lo que bien le parecía» (17.6; 21.25) en lugar de lo que Dios quería que hicieran. ¡No cometas el mismo error!

RUT

AUTOR
No se indica; algunos sugieren que fue Samuel.

FECHA
Rut, la bisabuela del rey David (que reinó aproximadamente en 1010-970 A.C.), probablemente vivió alrededor del año 1100 A.C.

EN POCAS PALABRAS
Una nuera fiel que refleja la fidelidad, el amor y el cuidado de Dios.

VISTAZO GENERAL
Rut, una gentil, se casa y forma parte de una familia judía. Cuando todos los hombres de la familia murieron, Rut se mostró leal a su suegra, Noemí, viviendo con ella y trabajando en busca de alimento para su manutención. Rut recoge espigas de cebada en los campos de Booz, un hombre rico que se interesa en ella y ordena a sus trabajadores velar por ella. Noemí reconoce a Booz como familiar de su marido fallecido y la anima a buscarlo como a un «pariente cercano», uno que se casa con la viuda de un familiar para continuar la línea sanguínea. Booz se casa con Rut e inicia una prominente familia.

DIGNO DE RESALTAR
Respondió Rut: No me ruegues que te deje, y me aparte de ti; porque a dondequiera que tú fueres, iré yo, y dondequiera que vivieres, viviré. Tu pueblo será mi pueblo, y tu Dios mi Dios (1.16).

ÚNICO E INUSUAL
Rut, de la tierra pagana de Moab, se casó con un hombre judío y se convirtió en la bisabuela del más grande rey de Israel, David, ascendiente de Jesucristo.

APLICACIÓN
Podemos confiar en que Dios proveerá lo que necesitemos, cuando lo necesitemos; y que actuará en nuestras vidas en formas mejores que las que jamás imaginamos.

1 Samuel

AUTOR

No se indica. Probablemente fue el mismo Samuel, aunque algunos acontecimientos del relato de 1 Samuel suceden después de la muerte del profeta.

FECHA

Aproximadamente 1100-1000 a.c.

EN POCAS PALABRAS

Las doce tribus de Israel se unen bajo un rey.

VISTAZO GENERAL

Ana, una mujer estéril, ruega a Dios por un hijo; prometiéndole devolvérselo al servicio de Él. Samuel nace y muy pronto es llevado al templo para servir bajo la tutela del sacerdote Elí. Tras la muerte de este, Samuel funge como juez y mensajero de Israel, sometiendo a los temibles enemigos de la nación, los filisteos. A medida que Samuel envejece, los líderes de las familias israelitas rechazan a sus hijos pecadores y piden un rey. Samuel les advierte que un monarca impuesto al pueblo puede forzarlos al servicio, pero ellos insisten y Dios le dice a Samuel que unja al notable, alto y guapo Saúl como el primer gobernante de Israel. El rey Saúl empieza bien, pero comienza tomando malas decisiones; por lo que ofrece un sacrificio a Dios, un trabajo reservado para los sacerdotes, y Samuel le dice a Saúl que será reemplazado. Su sucesor será un pastor de ovejas llamado David, que con la ayuda de Dios mata a un gigante guerrero filisteo llamado Goliat y se convierte en héroe de Israel. El celoso rey trata de matar a David, que huye para salvar su vida. David rechaza la oportunidad de matar a Saúl, diciendo: «Mas yo no quise extender mi mano contra el ungido de Jehová» (26.23). Al final de 1 Samuel, Saúl muere luchando contra los filisteos, dando paso a David como el nuevo monarca.

DIGNO DE RESALTAR

Y dijo Jehová a Samuel … no te han desechado a ti, sino a mí me han desechado, para que no reine sobre ellos (8.7).

Ciertamente el obedecer es mejor que los sacrificios, y el prestar atención que la grosura de los carneros (15.22).

Entonces dijo David al filisteo [Goliat]: Tú vienes a mí con espada y lanza y jabalina; mas yo vengo a ti en el nombre de Jehová de los ejércitos, el Dios de los escuadrones de Israel, a quien tú has provocado (17.45).

ÚNICO E INUSUAL

El futuro rey Saúl es un pastor de asnas (9.5) que trata de esconderse de su propia coronación (10.21-22). Como rey, Saúl rompe su propia ley al pedir una médium para consultar al espíritu de Samuel de entre los muertos (capítulo 28).

APLICACIÓN

Las decisiones egoístas —como la de los israelitas pidiendo rey y la de Saúl ofreciendo un sacrificio que no tenía que hacer— pueden tener fuertes e, incluso, trágicas consecuencias.

2 Samuel

Autor

Desconocido, aunque no se atribuye a Samuel; ya que los acontecimientos del libro suceden después de su muerte. Algunos sugieren que fue escrito por el sacerdote Abiatar (15.35).

Fecha

Aproximadamente entre 1010-970 A.C. del gobierno del rey David.

En pocas palabras

David se convierte en el más grande rey de Israel, aun cuando con grandes defectos.

Vistazo general

Cuando muere el rey Saúl, la sureña tribu de Judá hace a David su sucesor. Siete años más tarde, tras el deceso del hijo de Saúl, Isbaal —rey de las tribus del norte—, David se convierte en monarca de todo Israel. Con la captura de Jerusalén por los jebuseos, David crea una nueva capital unificada para su nación, y Dios le promete: «Tu trono será establecido para siempre» (7.16, NVI). Las victorias militares hacen a Israel una nación fuerte, pero cuando David se queda en casa durante una de las batallas, comete adulterio con una hermosa vecina, Betsabé. Luego hace asesinar al marido de ella, uno de sus mejores soldados. El profeta Natán confronta a David con una historia de un hombre rico que le roba una oveja a un hombre pobre. David se enfurece tanto que Natán le dice: «Tú eres aquel hombre» (12.7). Escarmentado, David se arrepiente y Dios perdona sus pecados, pero sus consecuencias lo afectarían grandemente. El hijo producto de esa relación muere, por lo que la familia de David comienza a dividirse y a separarse. Uno de sus hijos, Amnón, viola a su media hermana, y un segundo hijo, Absalón —hermano de la chica violada— mata a Amnón por venganza. Absalón entonces conspira para robarle el reino a David su padre, haciendo que este huya para salvar su vida. Cuando Absalón muere en batalla con los hombres de David, este se lamenta profundamente; tanto que agravia a sus soldados. En última instancia, David regresa a Jerusalén para reafirmar su reinado. También tiene otro hijo nacido de Betsabé: Salomón.

DIGNO DE RESALTAR

¡Cómo han caído los valientes en medio de la batalla! (1.25)

Señor Jehová, ¿quién soy yo, y qué es mi casa, para que tú me hayas traído hasta aquí? (7.18)

¡Hijo mío Absalón, hijo mío, hijo mío Absalón! ¡Quién me diera que muriera yo en lugar de ti, Absalón, hijo mío, hijo mío! (18.33)

ÚNICO E INUSUAL

El sobrino de David mató a un filisteo «de gran estatura, el cual tenía seis dedos en cada mano, y en cada pie seis dedos» (21.20, 21). Uno de los soldados valientes de David, Adino, mató a 800 hombres sin ayuda de nadie (23.8).

APLICACIÓN

La historia del rey David pone de relieve la importancia vital de las decisiones que tomamos. ¿Quién hubiera imaginado que un hombre tan grande podría caer en un pecado tan terrible?

1 Reyes

Autor

Es desconocido, no se reconoce ningún autor; aunque una antigua tradición afirma que Jeremías escribió 1 y 2 Reyes.

Fecha

Los hechos más destacados datan entre los 970 a 850 a.c., 1 Reyes fue escrito probablemente en algún momento después de la destrucción babilónica de Jerusalén en el 586 a.c.

En pocas palabras

Israel es dividido entre naciones rivales las del sur y las del norte.

Vistazo general

La salud del rey David se deteriora, por lo que nombra sucesor a Salomón, su hijo con Betsabé. Después de su fallecimiento, Dios le habló a Salomón en un sueño y le ofreció todo lo que quisiera. Salomón pidió sabiduría. Dios le da a Salomón una gran sabiduría, además de mucho poder y riquezas. El nuevo rey construye el templo permanente de Dios en Jerusalén, por lo que el Señor visita a Salomón una vez más y le promete bendecirlo si le obedece y problemas en caso contrario. Lamentablemente, la sabiduría de Salomón le falla, al tomar la decisión de casarse con setecientas mujeres, muchas de ellas extranjeras, que habían dado su corazón a los ídolos. Cuando Salomón muere, su hijo Roboam tontamente se gana la antipatía del pueblo de Israel, y las diez tribus del norte forman su propia nación bajo Jeroboam, un antiguo funcionario de Salomón. Dos tribus del sur continuarán en la línea de Salomón, en una nación llamada Judá. Jeroboam empieza mal, iniciando la adoración a los ídolos en el norte; muchos gobernantes malvados le siguen. Judá también tiene muchos líderes malvados, aunque los reyes transitorios, como Asa y Josafat, siguen al Señor. 1 Reyes presenta al profeta Elías, que se enfrenta al demonio del rey Acab y la reina Jezabel de Israel en relación con su culto al falso dios Baal. Bajo el poder de Dios, Elías derrotas a 450 falsos profetas en una dramática prueba en el Monte Carmelo.

Digno de resaltar

Llegaron los días en que David había de morir, y ordenó a Salomón su hijo, diciendo: Yo sigo el camino de todos en la tierra; esfuérzate, y sé hombre (2.1-2).

Da, pues, a tu siervo corazón entendido para juzgar a tu pueblo, y para discernir entre lo bueno y lo malo; porque ¿quién podrá gobernar este tu pueblo tan grande? (3.9)

Respóndeme, Jehová, respóndeme para que conozca este pueblo que tú, oh Jehová eres el Dios, y que tú vuelves a ti el corazón de ellos (18.37).

ÚNICO E INUSUAL

Los expertos dicen que 1 y 2 Reyes eran originalmente un solo volumen y se dividieron en dos para permitir la copia en rollos de tamaño normal.

APLICACIÓN

El ejemplo de Salomón nos proporciona una fuerte advertencia: Aunque seas la persona más bendecida y te dejes llevar por la corriente de Dios, aun así puedes cometer grandes errores.

2 REYES

AUTOR

Es desconocido, no se reconoce ningún autor; aunque una antigua tradición afirma que Jeremías escribió 1 y 2 Reyes.

FECHA

Abarcando unos trescientos años después desde los 800 A.C., 2 Reyes fue probablemente escrito en algún momento después de la destrucción babilónica de Jerusalén en el 586 A.C.

EN POCAS PALABRAS

Ambas naciones hebreas son destruidas por su desobediencia a Dios.

VISTAZO GENERAL

La historia de 1 Reyes continúa con muchos malos gobernantes, un puñado de buenos —entre los que hay algunos profetas conocidos—, y la pérdida definitiva de las dos naciones judías. A comienzos de 2 Reyes, Elías se convierte en el segundo hombre (después de Enoc en Génesis 5.24) en ir directamente al cielo sin ver muerte. Su sucesor, Eliseo, realiza muchos milagros y comparte la palabra de Dios «con la gente del pueblo» de Israel. Los gobernantes del reino del norte son totalmente malvados; bajo el mando de su último rey, Oseas, Israel es «llevado cautivo a … Asiria» (17.6) en el año 722 A.C. Judá, a veces con buenos reyes como Ezequías y Josías, dura unos cuantos años más, pero en el año 586 A.C., Jerusalén, la capital del reino del sur «fue tomada» (25.4) por los ejércitos de Babilonia con el rey Nabucodonosor. Además de tomar todo lo valioso del templo, de los judíos y del palacio del rey, los babilonios también «llevaron de toda Jerusalén, a todos los príncipes, y a todos los hombres valientes, hasta diez mil cautivos, y a todos los artesanos y herreros» (24.14). El libro termina con una insignificante nota, 2 Reyes describe a un nuevo rey de Babilonia, Evil-Merodac, mostrando amabilidad a Joaquín, el verdadero y último rey de Judá, al darle un lugar de honor en la corte de Babilonia.

DIGNO DE RESALTAR

Y aconteció que yendo ellos y hablando, he aquí un carro de fuego con caballos de fuego apartó a los dos; y Elías subió al cielo en un torbellino (2.11).

Y desechó Jehová a toda la descendencia de Israel, y los afligió, los entregó en manos de saqueadores, hasta echarlos de su presencia (17.20).

Así fue llevado cautivo Judá de sobre su tierra (25.21).

ÚNICO E INUSUAL

Isaías, que escribió una larga profecía que aparece más adelante en el Antiguo Testamento, se destaca en 2 Reyes 19. Uno de los mejores reyes de Judá, Josías, solo tenía ocho años cuando subió al trono (22.1).

APLICACIÓN

Tanto Israel como Judá sufrieron las terribles consecuencias del pecado. Incluso los malos ejemplos pueden ser útiles si decidimos no hacer las cosas que nos traen problemas.

1 Crónicas

Autor

No se indica, aun cuando tradicionalmente es atribuido al sacerdote Esdras.

Fecha

Cubre la historia de Israel desde alrededor de 1010 a.c. (muerte del rey Saúl) hasta alrededor de 970 a.c. (deceso del rey David).

En pocas palabras

El imperio del rey David es detallado y analizado.

Vistazo general

1 Crónicas proporciona una historia de Israel que se remonta a Adán. En el decimoprimer capítulo, el relato se enfoca en el rey más grande de Israel, David, con especial énfasis en su liderazgo y el culto nacional. Otro enfoque importante radica en la promesa divina de que David tendría una línea real eterna a través de Jesucristo, su descendiente.

Digno de resaltar

Sino que lo confirmaré en mi casa y en mi reino eternamente, y su trono será firme para siempre (17.14).

Único e inusual

1 Crónicas cubre gran parte de la misma información que 2 Samuel, pero sin algunos de los aspectos más sórdidos de la vida de David, como su adulterio con Betsabé y la muerte maquinada de su marido, Urías.

Aplicación

El giro positivo de 1 Crónicas fue diseñado para recordarles a los judíos que a pesar de su castigo por el pecado, todavía eran personas especiales para Dios. Cuando Dios hace una promesa, la mantiene.

2 Crónicas

Autor

No se indica, aunque tradicionalmente se atribuye al sacerdote Esdras.

Fecha

Abarca la historia de los israelitas desde 970 a.c. (ascensión del rey Salomón) hasta 500 a.c. (cuando los judíos exiliados volvieron a Jerusalén).

En pocas palabras

La historia de Israel desde Salomón hasta la división a la destrucción.

Vistazo general

El hijo de David, Salomón, es nombrado rey, construye el templo y se convierte en uno de los gobernantes más prominentes. Pero cuando muere, la nación judía se divide. En el resto de 2 Crónicas, algunos reyes de la relativamente piadosa nación de Judá, sucumben a la destrucción de Jerusalén por los babilonios. El libro termina con el rey persa Ciro permitiéndoles a los judíos reconstruir el templo devastado.

Digno de resaltar

Jehová Dios de Israel, no hay Dios semejante a ti en el cielo ni en la tierra, que guardas el pacto y la misericordia con tus siervos que caminan delante de ti de todo su corazón (6.14).

Único e inusual

Continuando con el giro positivo de 1 Crónicas (los dos libros fueron originalmente uno), 2 Crónicas termina con dos versículos que repiten exactamente los tres primeros de Esdras.

Aplicación

El castigo de Dios no tiene la intención de lastimar a la gente, sino de traerla de vuelta a Él.

ESDRAS

AUTOR

No se indica, aun cuando tradicionalmente se atribuye al sacerdote Esdras (7.11).

FECHA

Aproximadamente 530 a.c. hasta mediados de 400 a.c.

EN POCAS PALABRAS

La renovación espiritual comienza después de que los judíos regresan del exilio.

VISTAZO GENERAL

Cerca de un siglo y medio después de que los babilonios saquearon a Jerusalén y se llevaron a los judíos al cautiverio, Persia es la nueva potencia mundial. El rey Ciro permite a un grupo de exiliados regresar a Judá para reconstruir el templo. Unas 42,000 personas regresaron y se relocalizaron en su tierra. Cerca de setenta años más tarde, Esdras es parte de un grupo más pequeño que también regresa. Enseña la ley a las personas que han caído lejos de Dios, al punto de establecer matrimonio con naciones paganas cercanas, algo que estaba estrictamente prohibido por Moisés (Deuteronomio 7.1-3).

DIGNO DE RESALTAR

Porque Esdras había preparado su corazón para inquirir la ley de Jehová y para cumplirla, y para enseñar en Israel sus estatutos y decretos (7.10).

ÚNICO E INUSUAL

Aunque Dios haya dicho: «Yo aborrezco el divorcio» (Malaquías 2.16, NVI), Esdras instó a los hombres judíos a separarse de sus esposas extranjeras.

APLICACIÓN

En Esdras, Dios muestra su disposición a ofrecer una segunda oportunidad: permitirle a la nación que había sido castigada por desobediente un nuevo comienzo. ¿Sabes qué? Él todavía está en el negocio de las segundas oportunidades.

NEHEMÍAS

AUTOR

«Palabras de Nehemías» (1.1), aunque la tradición judía afirma que esas palabras fueron escritas por Esdras.

FECHA

Aproximadamente 445 A.C.

EN POCAS PALABRAS

Los judíos exiliados regresaron para reconstruir los muros destruidos de Jerusalén.

VISTAZO GENERAL

Nehemías funge como «copero» (1.11) del rey en Susa, Persia. Como judío, le preocupa la noticia de que a pesar de que han regresado del exilio en Judá durante casi cien años, no han reconstruido los muros de la ciudad, devastada por los babilonios en el 586 A.C. Nehemías pide y recibe el permiso del rey para regresar a Jerusalén, donde dirige un equipo de constructores —a pesar de la mucha oposición pagana— para reconstruir los muros en solo cincuenta y dos días. El veloz trabajo en el proyecto alarmó a los enemigos de los judíos, que «conocieron que por nuestro Dios había sido hecha esta obra» (6.16).

DIGNO DE RESALTAR

Acuérdate de mí para bien, Dios mío, y de todo lo que hice por este pueblo (5.19).

ÚNICO E INUSUAL

Indignado con sus compatriotas judíos por haber forjado matrimonios con paganos, [Nehemías] «los maldije, e hirió a algunos de ellos, y les arranqué los cabellos» (13.25).

APLICACIÓN

El éxito de Nehemías en la reconstrucción de las murallas de Jerusalén brinda muchos principios para el liderazgo de hoy, sobre todo su énfasis constante en la oración.

ESTER

AUTOR

No se indica, pero tal vez Esdras o Nehemías.

FECHA

Aproximadamente entre 486-465 A.C., durante el reinado del rey Asuero de Persia. Ester se convirtió en reina alrededor de 479 A.C.

EN POCAS PALABRAS

Una hermosa joven judía se convierte en reina y salva de la muerte a sus compañeros judíos.

VISTAZO GENERAL

En un concurso de belleza nacional, la joven Ester se convierte en reina de Persia sin revelar su legado hebreo. Cuando un oficial del reino teje un plan para matar a todos los judíos en el país, Ester arriesga su propia vida para solicitar la protección real. El rey, complacido con Ester, es sorprendido por un plan de uno de sus oficiales; pero este es ahorcado mientras emite un decreto en cuanto a que los judíos deben defenderse de la masacre planificada. El pueblo de Ester prevalece y conmemora el acontecimiento con una fiesta llamada Purim.

DIGNO DE RESALTAR

Y ganaba Ester el favor de todos los que la veían (2.15).

¿Y quién sabe si para esta hora has llegado al reino? (4.14)

ÚNICO E INUSUAL

El nombre de Dios nunca se menciona en el libro de Ester. Tampoco la oración, aunque Ester les pide a sus compatriotas judíos que ayunen por ella antes de entrevistarse con el rey (4.16).

APLICACIÓN

Cuando nos encontramos en situaciones difíciles, debemos usar la situación adversa para obtener algo bueno, como lo hizo Ester.

JOB

AUTOR

No se indica.

FECHA

No está clara, pero muchos creen que Job es una de las historias más antiguas de la Biblia, tal vez desde aproximadamente el 2000 A.C.

VISTAZO GENERAL

Dios permite el sufrimiento humano debido a sus propios propósitos.

VISTAZO GENERAL

Jefe de una familia numerosa, Job es un rico granjero de un lugar llamado Uz. Él es «perfecto y recto» (1.1), tanto así que Dios llama la atención de Satanás hacia él. El diablo, sin dejarse impresionar, pide y recibe el permiso de Dios para atacar las posesiones de Job, por lo que destruye miles de ovejas, camellos, bueyes, asnos y, lo peor de todo, los diez hijos de Job. A pesar de los ataques satánicos, Job mantiene su fe. Satanás entonces recibe permiso divino para atacar la salud de Job, pero a pesar del terrible sufrimiento físico, este se niega a «maldecir a Dios, y morir», como le sugiere su esposa (2.9). Al poco tiempo, sin embargo, Job comienza a preguntarse por qué Dios permite que alguien bueno sufra tan severamente. El sufrimiento de Job se ve agravado por la llegada de los cuatro «amigos» que comienzan a acusarlo de provocar su propio mal por el pecado secreto. «Por cierto tu malicia es grande», afirma Elifaz de Teman (22.5). Al final, Dios mismo habla, reivindicando a Job delante de sus amigos y también abordando el problema global del sufrimiento humano. Dios no explica el sufrimiento de Job, sino que plantea una serie de preguntas que muestran su gran conocimiento, lo que implica que Job simplemente debe confiar en la manera de Dios. Lo cual hace diciéndole a Dios: «Yo conozco que todo lo puedes» (42.2). Al final de la historia, Dios restaura la salud de Job, sus posesiones y su familia, dándole diez hijos más.

DIGNO DE RESALTAR

Desnudo salí del vientre de mi madre, y desnudo volveré allá.

Jehová dio, y Jehová quitó; sea el nombre de Jehová bendito (1.21).

El hombre nacido de mujer, corto de días, y hastiado de sinsabores (14.1).

Consoladores molestos sois todos vosotros (16. 2).

Por tanto me aborrezco, y me arrepiento en polvo y ceniza (42.6).

ÚNICO E INUSUAL

El libro de Job retrata a Satanás entrando en la presencia de Dios (1.6). También da una clara pista, en el Antiguo Testamento, acerca de la obra de Jesús cuando Job dice: «Yo sé que mi Redentor vive, y al fin se levantará sobre el polvo» (19.25).

APLICACIÓN

Las tribulaciones no son necesariamente un signo de pecado en la vida de una persona. Puede ser algo que Dios permite para que nos acerquemos a Él.

SALMOS

AUTORES

Varios, casi la mitad, se le atribuyen al rey David. También destacan otros nombres como Salomón, Moisés, Asaf, Ethan y los hijos de Coré. Muchos salmos no mencionan a su autor.

FECHA

Aproximadamente en el año 1400 A.C. (el tiempo de Moisés) hasta los años 500 A.C. (la época de los judíos en el exilio babilónico).

EN POCAS PALABRAS

Antiguo cancionero de oraciones judías, un despliegue de alabanzas —y quejas— a Dios.

VISTAZO GENERAL

Durante varios siglos, Dios guió a varias personas a componer poemas con una enorme carga emocional, de los cuales 150 fueron compilados más tarde en el libro que conocemos como Salmos. Muchos de los salmos son descritos como «de David», lo que significa que podría ser *por, para* o *acerca del* gran rey de Israel. Los puntos destacados del libro son el «salmo pastoral» (23), que describe a Dios como protector y proveedor; la súplica de perdón de David después de su pecado con Betsabé (51); los salmos de alabanza (el 100 es un poderoso ejemplo), y la celebración de la Escritura que se encuentra en el Salmo 119, con casi todos los 176 versículos haciendo referencia —en cierta forma parecida— a las leyes de Dios, los estatutos, los mandamientos, los preceptos y su propia palabra. Muchos salmos, llamados «imprecatorios», invocan los juicio de Dios sobre los enemigos (véanse Salmos 69 y 109, por ejemplo). Otros expresan la agonía espiritual del escritor, pero casi todos vuelven al tema de la alabanza a Dios. Esa es la forma en que el Libro de los Salmos termina: «Todo lo que respira alabe a JAH. Aleluya» (150.6).

DIGNO DE RESALTAR

¡Oh Jehová, Señor nuestro, cuán glorioso es tu nombre en toda la tierra! Has puesto tu gloria sobre los cielos (8.1).

Jehová es mi pastor, nada me faltará (23.1).

Crea en mí, oh Dios, un corazón limpio, y renueva un espíritu recto dentro de mí (51.10).

En mi corazón he guardado tus dichos, para no pecar contra ti (119.11).

Alzaré mis ojos a los montes; ¿De dónde vendrá mi socorro? Mi socorro viene de Jehová (121.1-2).

¡Mirad cuán bueno y cuán delicioso es habitar los hermanos juntos en armonía! (133.1)

ÚNICO E INUSUAL

El libro de los Salmos es el más extenso de la Biblia, tanto en términos de cantidad de capítulos (150) como en total de palabras. Contiene el capítulo más largo de la Biblia (Salmo 119, con 176 versos) y el más corto (Salmo 117, con 2 versículos). El Salmo 117 es también el punto medio de la Biblia protestante, con 594 capítulos antes y 594 después.

APLICACIÓN

Los salmos abarcan toda la gama de emociones humanas, por lo cual muchas personas recurren a ellos en momentos de alegría y de tristeza.

Proverbios

Autores

Se atribuye principalmente a Salomón (1.1), con secciones dedicadas a «los sabios» (22.17), Agur (30.1) y el rey Lemuel (31.1). Poco se sabe de estos dos últimos.

Fecha

Salomón reinó aproximadamente entre 970-930 a.c. El personal del rey Ezequías, que vivió unos doscientos años más tarde, «copió» los últimos capítulos del libro que tenemos hoy (25.1).

En pocas palabras

Dichos memorables concisos que animan a la gente a buscar la sabiduría.

Vistazo general

Proverbios no tiene una perspectiva histórica, es simplemente una colección de consejos útiles para vivir. Principalmente surgidos de la pluma del rey Salomón, el ser humano más sabio que se haya conocido (en 1 Reyes 3.12 Dios dijo: «Te he dado corazón sabio y entendido, tanto que no ha habido antes de ti otro como tú, ni después de ti se levantará otro como tú»); los proverbios hablan de situaciones como el trabajo, el dinero, el sexo, la tentación, la bebida, la pereza, la disciplina y la crianza de los hijos. Tras cada proverbio yace la verdad de que «el principio de la sabiduría es el temor de Jehová» (1.7).

Digno de resaltar

Fíate de Jehová de todo tu corazón, y no te apoyes en tu propia prudencia (3.5).

Ve a la hormiga, oh perezoso, mira sus caminos, y sé sabio (6.6).

El hijo sabio alegra al padre, pero el hijo necio es tristeza de su madre (10.1).

Como zarcillo de oro en el hocico de un cerdo es la mujer hermosa y apartada de razón (11.22).

El que detiene el castigo, a su hijo aborrece; mas el que lo ama, desde temprano lo corrige (13.24).

La blanda respuesta quita la ira; mas la palabra áspera hace subir el furor (15.1).

Encomienda a Jehová tus obras, y tus pensamientos serán afirmados (16.3).

Aun el necio, cuando calla, es contado por sabio (17.28).

Torre fuerte es el nombre de Jehová; a él correrá el justo, y será levantado (18.10).

El vino es escarnecedor, la sidra alborotadora (20.1).

De más estima es el buen nombre que las muchas riquezas, y la buena fama más que la plata y el oro (22.1).

Nunca respondas al necio de acuerdo con su necedad, para que no seas tú también como él (26.4).

Fieles son las heridas del que ama (27.6).

ÚNICO E INUSUAL

El último capítulo de Proverbios incluye un largo poema que alaba a las esposas, algo inusual para la época y la cultura.

APLICACIÓN

La sabiduría, como lo indica Proverbios 4.7, «es lo principal ... sobre todas tus posesiones adquiere inteligencia». Si necesitas ayuda con esto, solo pídela a Dios (Santiago 1.5).

ECLESIASTÉS

AUTOR

No se indica su autor, pero probablemente fue Salomón. El escritor se identifica como «hijo de David» (1.1) y «rey sobre Israel en Jerusalén» (1.12) y dice que creció en sabiduría «sobre todos los que fueron antes de mí» (1.16).

FECHA

900 A.C.

EN POCAS PALABRAS

Apartados de Dios, la vida es vacía y poco satisfactoria.

VISTAZO GENERAL

El rey persigue las cosas de este mundo solo para descubrir que eso no trae satisfacción. Aprendizaje, placer, trabajo, disfrute, «todo es vanidad» (1.2). También lamenta las injusticias de la vida: La gente vive, trabaja duro y muere, solo para dejar sus pertenencias a otra persona; los malos prosperan más que los justos, los pobres son oprimidos. Sin embargo, el rey se da cuenta de que «el fin de todo el discurso oído es éste: Teme a Dios, y guarda sus mandamientos; porque esto es el todo del hombre» (12.13).

DIGNO DE RESALTAR

Todo tiene su tiempo, y todo lo que se quiere debajo del cielo tiene su hora (3.1).

Acuérdate de tu Creador en los días de tu juventud (12.1).

ÚNICO E INUSUAL

El tono generalmente negativo del libro hace que algunos lectores se pregunten si Salomón escribió en sus últimos años, después de que sus cientos de esposas lo llevaron a apartarse de Dios.

APLICACIÓN

La vida no siempre tiene sentido… Pero todavía hay un Dios que entiende.

CANTAR DE LOS CANTARES

AUTOR

Se identifica a Salomón (1.1), aunque algunos se preguntan si la canción «de Salomón» es como los salmos «de David», que podría significar que son *por, para* o *acerca* de él.

FECHA

Salomón gobernó alrededor de 970-930 A.C.

EN POCAS PALABRAS

El amor conyugal es algo hermoso; vale la pena celebrarlo.

VISTAZO GENERAL

Una belleza de piel morena se casa con el rey, ambos están encantados. Él le dice:
«He aquí que tú eres hermosa, amiga mía; he aquí eres bella; tus ojos son como palomas» (1.15). «He aquí que tú eres hermoso, amado mío, y dulce; nuestro lecho es de flores», ella responde (1.16). A través de ocho capítulos y 117 versículos, los dos amantes admiran su belleza física, expresándose su amor y devoción.

DIGNO DE RESALTAR

¡Oh, si él me besara con besos de su boca! Porque mejores son tus amores que el vino (1.2).

Me llevó a la casa del banquete, y su bandera sobre mí fue amor (2.4).

Las muchas aguas no podrán apagar el amor, ni lo ahogarán los ríos (8.7).

ÚNICO E INUSUAL

Al igual que el libro de Ester, Cantares nunca menciona el nombre de «Dios».

APLICACIÓN

Dios hizo el matrimonio para el disfrute del marido y su esposa; de modo que el amor conyugal pueda ser una imagen del gozo de Dios en su pueblo.

Isaías

Autor

Isaías, hijo de Amoz (1.1).

Fecha

Alrededor de 740-700 a.c., comenzando «en el año que murió el rey Uzías» (6.1).

En pocas palabras

Un Mesías que vendría para salvar a la gente de sus pecados.

Vistazo general

Como la mayoría de los profetas, Isaías anunció la mala noticia del castigo por el pecado. Pero también describe a un Mesías que sería «herido por nuestras rebeliones, molido por nuestros pecados … y por su llaga fuimos nosotros curados» (53.5). Isaías fue llamado al ministerio mediante una visión impresionante de Dios en el cielo (capítulo 6). El libro que escribió algunos lo llaman «el quinto evangelio» debido a sus predicciones acerca del nacimiento, la vida y la muerte de Jesucristo; hechos que ocurrieron unos setecientos años más tarde. Estas profecías acerca de la redención traen equilibrio a las deprimentes promesas de la disciplina de Dios contra Judá y Jerusalén, que fueron invadidos por los ejércitos de Babilonia alrededor de un siglo más tarde. La profecía de Isaías termina con una larga sección (capítulos 40—66) que describen la restauración de Dios sobre Israel, Su salvación prometida y Su reino eterno.

Digno de resaltar

Santo, santo, santo, Jehová de los ejércitos: toda la tierra está llena de su gloria (6.3).

He aquí, que la virgen concebirá y dará a luz un hijo, y llamará su nombre Emanuel (7.14).

Porque un niño nos es nacido, hijo nos es dado, y el principado sobre su hombro; y se llamará su nombre Admirable, Consejero, Dios fuerte, Padre eterno, Príncipe de paz (9.6).

Todos nosotros nos descarriamos como ovejas, cada cual se apartó por su camino; mas Jehová cargó en él el pecado de todos nosotros (53.6).

ÚNICO E INUSUAL

Isaías tuvo dos niños con nombres extraños y proféticos. Searjasub (7.3) significa «un remanente volverá», y Maher-salal-hasbaz (8.3) que significa «rápido para hacer el mal». El nombre de Searjasub incluye la promesa de Dios de que los judíos exiliados un día volverían a casa. El nombre de Maher-salal-hasbaz, garantizaba al rey de Judá que los enemigos de su país serían manejados por los ejércitos asirios.

APLICACIÓN

A principios de su ministerio, Jesús dijo que cumplió las profecías de Isaías:

«El Espíritu de Jehová el Señor está sobre mí, porque me ungió Jehová; me ha enviado a predicar buenas nuevas a los abatidos, a vendar a los quebrantados de corazón, a publicar libertad a los cautivos, y a los presos apertura de la cárcel; a proclamar el año de la buena voluntad de Jehová, y el día de venganza del Dios nuestro; a consolar a todos los enlutados» (61.1-2). ¡Es increíble lo mucho que Dios cuida de nosotros!

JEREMÍAS

AUTOR

Jeremías (1.1), con la asistencia de Baruc, un escriba (36.4).

FECHA

Aproximadamente 585 a.c.

EN POCAS PALABRAS

Después de años de comportamiento pecaminoso, Judá sería castigado.

VISTAZO GENERAL

Llamado al ministerio siendo niño (1.6), Jeremías profetisa una mala noticia a Judá: «He aquí yo traigo sobre vosotros gente de lejos, oh casa de Israel, dice Jehová; gente robusta, gente antigua, gente cuya lengua ignorarás, y no entenderás lo que hablare» (5.15). Jeremías fue burlado por sus profecías, a veces golpeado, y hasta encarcelado en una cisterna fangosa (capítulo 38). Pero sus palabras se hicieron realidad con la invasión de Babilonia, de la cual se habla en el capítulo 52.

DIGNO DE RESALTAR

He aquí que como el barro en la mano del alfarero, así sois vosotros en mi mano, oh casa de Israel (18.6).

ÚNICO E INUSUAL

El libro de Jeremías que leemos es aparentemente una segunda versión ampliada de un primer proyecto de destrucción. El rey Joacim, enojado con Jeremías y sus profecías nefastas, cortó el rollo con una navaja y «lo echó en el fuego que ardía en el brasero» (36.23). Por orden de Dios, Jeremías, con la asistencia de su escriba Baruc, escribió un segundo rollo con mensaje adicional (36.32).

APLICACIÓN

Por medio de Jeremías, Dios le dio a Judá unos cuarenta años para arrepentirse. Dios «es paciente para con nosotros, no queriendo que ninguno perezca, sino que todos procedan al arrepentimiento» (2 Pedro 3.9).

LAMENTACIONES

AUTOR

No se indica, aunque tradicionalmente es atribuido a Jeremías.

FECHA

Probablemente alrededor de 586 A.C., poco después de la caída de Jerusalén ante los babilonios.

EN POCAS PALABRAS

Un poema desesperado por la destrucción de Jerusalén.

VISTAZO GENERAL

Después de la advertencia de la nación judía del sur acerca de obedecer a Dios, el profeta Jeremías fue testigo del castigo que había amenazado. Los enemigos de Judá prosperaron, porque el Señor los había afligido por la multitud de sus transgresiones. Jeremías escribe:

«Sus enemigos han sido hechos príncipes … Sus hijos fueron en cautividad delante del enemigo» (1.5). La escena llena de lágrimas los ojos de Jeremías («Por esta causa lloro; mis ojos, mis ojos fluyen aguas», 1.16); esto le hace merecedor de su apodo, «el profeta llorón». Lamentaciones termina con un grito lastimero: «Porque nos has desechado; te has airado contra nosotros en gran manera» (5.22).

DIGNO DE RESALTAR

Vuélvenos, oh Jehová, a ti, y nos volveremos; renueva nuestros días como al principio (5.21).

ÚNICO E INUSUAL

Aunque Lamentaciones no indica su autor, Jeremías se describe en 2 Crónicas como compositor de los lamentos (35.25).

APLICACIÓN

El castigo de Dios puede parecer grave, pero como dice el libro de Hebreos: «Es verdad que ninguna disciplina al presente parece ser causa de gozo, sino de tristeza; pero después da fruto apacible de justicia a los que en ella han sido ejercitados» (12.11).

EZEQUIEL

AUTOR

El sacerdote Ezequiel (1.1-3).

FECHA

Aproximadamente entre los años 590 y 570 a.c.

EN POCAS PALABRAS

Aunque Israel está en el exilio, la nación será restaurada.

VISTAZO GENERAL

Ezequiel, un judío exiliado en Babilonia, se convierte en el vocero de Dios entre sus compañeros que están en el exilio. Él comparte inusuales (incluso extrañas) visiones con la gente, que les recuerda el pecado que los llevó a su cautiverio, pero también ofrece la esperanza de la restauración nacional.

DIGNO DE RESALTAR

Porque no quiero la muerte del que muere, dice Jehová el Señor; convertíos, pues, y viviréis (18.32).

ÚNICO E INUSUAL

La visión de Ezequiel de un valle de huesos secos es una de las imágenes más extrañas de la Biblia: «Profeticé, pues como me fue mandado y hubo un ruido, y he aquí un temblor, y los huesos se juntaron ... tendones ... y la carne subió sobre ellos, y la piel los cubrió por encima ... Y entró espíritu en ellos, y vivieron, y estuvieron sobre sus pies, un gran ejército superior» (37.7-8, 10).

APLICACIÓN

Ezequiel enseña firmemente la responsabilidad personal: «El alma que pecare, esa morirá. Y el hombre que fuere justo, e hiciere según el derecho y la justicia ... De cierto éste vivirá, dice Jehová el Señor» (18.4-5, 9).

Daniel

Autor

El autor del libro probablemente fue Daniel, aunque algunos cuestionan esta posibilidad. Los capítulos 7 a 12 están escritos en primera persona («yo, Daniel», 7.15), aunque los seis primeros están en tercera persona («Entonces Daniel habló», 2.14).

Fecha

El período de la cautividad babilónica, fue aproximadamente durante los años 605-538 a.c.

En pocas palabras

Por ser fiel a Dios en un ambiente desafiante, Daniel es bendecido.

Vistazo general

Cuando era joven, Daniel junto con tres compañeros conocidos como Sadrac, Mesac y Abednego, fueron tomados de su casa en Jerusalén para servir al rey de Babilonia. Dios le había dado a Daniel la habilidad de interpretar sueños, cualidad que hizo que el rey Nabucodonosor tuviera un especial aprecio por él, y cuya visión de una enorme estatua —dice Daniel—, representa los reinos existentes y futuros. Sadrac, Mesac y Abednego tuvieron fuertes problemas al desobedecer la orden de inclinarse ante una estatua de Nabucodonosor; como castigo, fueron lanzados a un horno ardiente, donde fueron protegidos por un ser angelical «semejante a hijo de dioses» (3.25). El siguiente rey de Babilonia, Belsasar, hizo una fiesta para beber utilizando tazas robadas del templo de Jerusalén; él literalmente ve «la escritura en la pared», la cual Daniel interpreta como la inminente toma de Babilonia por los medos. Darío el rey medo, toma a Daniel como consejero, pero es engañado al aprobar una ley diseñada por otros funcionarios celosos los cuales querían hacerle daño a Daniel, que acaba en el foso de los leones. Una vez más, Dios protege a su pueblo; Daniel pasa una noche con los leones protegido por los ángeles de Dios, luego fue sustituido por los intrigantes que son devorados por los animales hambrientos. Los últimos seis capítulos contienen visiones proféticas de Daniel, entre ellas la profecía de las «setenta semanas» del final de los tiempos.

DIGNO DE RESALTAR

He aquí nuestro Dios a quien servimos puede librarnos del horno de fuego ardiendo; y de tu mano, oh rey, nos librará (3.17).

Mi Dios envió su ángel, el cual cerró la boca de los leones, para que no me hiciesen daño (6.22).

Inclina, oh Dios mío ... porque no elevamos nuestros ruegos ante ti confiados en nuestras justicias, sino en tus muchas misericordias (9.18).

ÚNICO E INUSUAL

El libro fue originalmente escrito en dos idiomas: Hebreo (la introducción y la mayoría de las profecías, el capítulo 1 y los capítulos 8—12) y en arameo (las historias de los capítulos 2—7).

APLICACIÓN

Como dice la antigua canción: «Atrévete a ser un Daniel». Dios siempre se encargará de las personas que «se atreven a pararse solas ... que tienen un propósito firme» con Él.

OSEAS

AUTOR

Probablemente el mismo Oseas, aunque el texto está en primera y tercera personas.

FECHA

En algún momento entre 750 (aproximadamente cuando Oseas empezó a ministrar) y 722 a.c. (cuando Asiria invadió Israel).

EN POCAS PALABRAS

El matrimonio del profeta con una prostituta refleja la relación de Dios con Israel.

VISTAZO GENERAL

Dios le da una extraña orden a Oseas: «Tómate una mujer fornicaria» (1.2). La imagen del matrimonio es el reflejo de la relación de Dios con Israel: un esposo amoroso honorable, unido con una esposa infiel. Oseas se casa con una mujer adúltera llamada Gomer y comienza una familia con ella. Cuando Gomer regresa a su vida de pecado, Oseas —reflejando de nuevo la fidelidad de Dios— vuelve a comprarla en el mercado de esclavos. El libro no solo contiene las advertencias de Dios por la desobediencia, sino también sus promesas de bendición por el arrepentimiento.

DIGNO DE RESALTAR

Porque [Israel] sembraron viento, y torbellino segarán (8.7).

ÚNICO E INUSUAL

Gomer tuvo tres hijos —quizá eran de Oseas, aunque tal vez no—, a cada uno le da un nombre profético. Hijo de Jezreel fue nombrado por la masacre, Lo-ruhama, el nombre de su hija, quería decir: «no amada», y Lo-ammi significa: «no mi pueblo».

APLICACIÓN

Dios es fiel, aun cuando su pueblo no lo sea; Él siempre está dispuesto a perdonar. Dios dijo por medio de Oseas: «Yo sanaré su rebelión, los amaré de pura gracia; porque mi ira se apartó de ellos» (14.4).

JOEL

AUTOR

Joel, hijo de Petuel (1.1). Poco se sabe acerca de él.

FECHA

No queda claro, pero posiblemente se escribió poco antes de la invasión babilónica de Judá en el 586 a.c.

EN POCAS PALABRAS

Una plaga de langostas refleja el juicio de Dios a su pueblo pecador.

VISTAZO GENERAL

Un enjambre de langostas devastadoras invade la nación de Judá, pero Joel indica que ese desastre natural no es nada comparado con el «grande y muy terrible» día del Señor que vendrá (2.11). Dios planea juzgar a su pueblo por el pecado, pero todavía tienen tiempo para arrepentirse. La obediencia traerá renovación tanto física como espiritual: «Yo derramaré mi espíritu sobre toda carne», dice Dios (2.28). Cuando el Espíritu Santo vino sobre los creyentes cristianos en Pentecostés, el apóstol Pedro cita este pasaje para explicar lo que sucedió (Hechos 2.17).

DIGNO DE RESALTAR

Todo aquel que invocare el nombre del Señor será salvo (2.32).

Muchos pueblos en el valle de la decisión; porque cercano está el día de Jehová en el valle de la decisión (3.14).

ÚNICO E INUSUAL

A diferencia de otros profetas que condenaron la idolatría, la injusticia y otros pecados específicos del pueblo judío, Joel simplemente hizo un llamado al arrepentimiento sin describir el pecado cometido.

APLICACIÓN

Aunque Dios juzga el pecado, siempre ofrece una salida: hoy ese camino es a través de Jesús.

Amós

Autor
Amós, un pastor de Tecoa, cerca de Belén (1.1).

Fecha
Aproximadamente 760 a.c.

En pocas palabras
La verdadera religión no es solo un ritual, es tratar a la gente con justicia.

Vistazo general
Un hombre promedio —un humilde pastor—, confronta a los ricos y poderosos de la sociedad israelita, condena su culto idolátrico, la persecución de los profetas de Dios y el engaño a los pobres. Aunque Dios una vez rescató al pueblo de Israel de la esclavitud en Egipto, está dispuesto a enviarlos de nuevo a la esclavitud por causa de su pecado. Amós tiene visiones que reflejan la difícil situación de Israel: una plomada de albañil indica que el pueblo no está bajo los estándares de Dios, y una canasta de frutas maduras, muestra que la nación está lista para el juicio de Dios.

Digno de resaltar
Prepárate para venir al encuentro de tu Dios, oh Israel (4.12).

Buscad lo bueno, y no lo malo, para que viváis (5.14).

Pero corra el juicio como las aguas, y la justicia como impetuoso arroyo (5.24).

Único e inusual
Un nativo judío del reino del sur de Judá, Amós, fue dirigido por Dios para profetizar en la nación judía del norte de Israel.

Aplicación
¿Cómo estás tratando a la gente que te rodea? A los ojos de Dios, esto es un indicador de tu condición espiritual. Para una perspectiva del Nuevo Testamento, véase Santiago 2.14-18.

ABDÍAS

AUTOR

Abdías (1.1), tal vez sea una persona con ese nombre o un profeta anónimo para quien el apelativo «Abdías» (que significa «siervo de Dios») es un título.

FECHA

No está claro, pero probablemente fue dentro de los treinta años posteriores a la invasión de los babilonios en Judá en el 586 A.C.

EN POCAS PALABRAS

Edom sufrirá por su participación en la destrucción de Jerusalén.

VISTAZO GENERAL

Edom era una nación descendiente de Esaú, hermano gemelo de Jacob, el patriarca de Israel. Los gemelos habían luchado desde el vientre de su madre (Génesis 25.21-26), conflicto que ha continuado a través de los siglos. Después Edom participó en el saqueo de Babilonia contra Jerusalén, Abdías transmite el juicio de Dios: «Por la injuria a tu hermano Jacob te cubrirá vergüenza, y serás cortado para siempre» (1.10).

DIGNO DE RESALTAR

Mas en el monte de Sion habrá un remanente que se salve (1.17).

ÚNICO E INUSUAL

Abdías es el libro más breve del Antiguo Testamento, se compone de solo un capítulo y 21 versículos.

APLICACIÓN

Abdías muestra la fidelidad de Dios a su pueblo. Esta profecía es un cumplimiento de la promesa de Dios para las primeras generaciones: «Bendeciré a los que te bendijeren, y a los que te maldijeren maldeciré» (Génesis 12.3).

JONÁS

AUTOR

No está claro quién fue su autor, aunque es la historia de Jonás, el libro está escrito en tercera persona.

FECHA

Aproximadamente en 760 a.c. Jonás profetizó durante el reinado de Jeroboam II rey de Israel (véase 2 Reyes 14.23-25), que gobernó desde aproximadamente 793 a 753 a.c.

EN POCAS PALABRAS

Un profeta renuente, huyendo de Dios, es tragado por un pez gigante.

VISTAZO GENERAL

Dios le dice a Jonás que vaya a Nínive, capital del malvado Imperio Asirio, a predicar el arrepentimiento. Jonás desobedece navegando en la dirección opuesta hacia un encuentro con la inmortalidad. Una gran tormenta sorprende el barco en el cual Jonás se encuentra, pasa tres días en el vientre del gigantesco pez antes de decidir obedecer a Dios. Cuando Jonás predica, Nínive se arrepiente, y Dios perdona a la ciudad de la destrucción que le había amenazado. Pero el prejuiciado Jonás hizo pucheros. La historia termina con la proclamación del cuidado de Dios incluso para los paganos viciosos.

DIGNO DE RESALTAR

Mas yo con voz de alabanza te ofreceré sacrificios; pagaré lo que prometí. La salvación es de Jehová (2.9).

¿Y no tendré yo piedad de Nínive, aquella gran ciudad donde hay más de ciento veinte mil personas que no saben discernir entre su mano derecha y su mano izquierda, y muchos animales? (4.11)

ÚNICO E INUSUAL

La profecía de Jonás no se cumplió debido al arrepentimiento de los ninivitas.

APLICACIÓN

Dios nos ama a *todos*, incluso a los enemigos de su pueblo escogido. En Romanos 5.8 dice: «Dios muestra su amor para con nosotros, en que siendo aún pecadores, Cristo murió por nosotros».

Miqueas

Autor

«Palabra de Jehová que vino a Miqueas de Moreset» (1.1). Miqueas o bien escribió las profecías o se las dictó a otro.

Fecha

Aproximadamente 700 a.c.

En pocas palabras

Israel y Judá sufrirían por su idolatría e injusticia.

Vistazo general

Miqueas disciplina tanto a las naciones judías del sur como a las del norte por seguir a los dioses falsos y engañar a los pobres. Las dos naciones serían devastadas por los invasores (los asirios), pero Dios preservará «el resto de Israel» (2.12).

Digno de resaltar

Oh hombre, él te ha declarado lo que es bueno, y qué pide Jehová de ti: solamente hacer justicia, y amar misericordia, y humillarte ante tu Dios (6.8).

Único e inusual

Siglos antes de que sucediera el nacimiento de Jesús, Miqueas profetizó cuál era la ciudad donde se produciría: «Pero tú, Belén Efrata, pequeña para estar entre las familias de Judá, de ti me saldrá el que será Señor en Israel; y sus salidas son desde el principio, desde los días de la eternidad» (5.2).

Aplicación

Miqueas muestra cómo el juicio divino es mitigado por su misericordia. «¿Qué Dios como tú, que perdona la maldad, y olvida el pecado del remanente de su heredad? No retuvo para siempre su enojo, porque se deleita en misericordia» (7.18).

Nahum

Autor

«Libro de la visión de Nahum de Elcos» (1.1). Nahum o bien escribió las profecías o se las dictó a otro.

Fecha

En algún momento entre 663 y 612 a.c.

En pocas palabras

Nínive, poderosa y malvada, caerá ante el juicio de Dios.

Vistazo general

Nahum exclamó: «¡Ay de ti, ciudad sanguinaria!» (3.1) Nínive, capital del malvado Imperio Asirio, fue objeto de sentencia por el mismo Dios, que dijo: «Y echaré sobre ti inmundicias, y te afrentaré, y te pondré como estiércol» (3.6), por los pecados de la idolatría y la crueldad. La profecía de Nahum se hace realidad cuando el Imperio Babilónico invadió a Nínive en el 612 antes de Cristo.

Digno de resaltar

Jehová es tardo para la ira y grande en poder, y no tendrá por inocente al culpable (1.3).

Jehová es bueno, fortaleza en el día de la angustia; y conoce a los que en él confían (1.7).

Único e inusual

Nahum es una especie de Jonás, parte dos. Aunque la ciudad había evitado una vez el juicio divino al aceptar en su corazón el mensaje de arrepentimiento de la predicación de Jonás, ahora, más de un siglo después, experimentan la consecuencia total de sus pecados.

Aplicación

Incluso la ciudad más poderosa de la tierra no compite con la fuerza de Dios. Tampoco el mayor problema en nuestras vidas individuales.

HABACUC

AUTOR
Habacuc (1.1), nada se sabe de sus antecedentes.

FECHA
Aproximadamente 600 A.C.

EN POCAS PALABRAS
Confía en Dios, incluso cuando parezca injusto o que no responde.

VISTAZO GENERAL
En Judá, un profeta se queja de que Dios permite que la violencia y la injusticia lleguen a su pueblo. Pero Habacuc se sorprende al conocer el plan del Señor para hacer frente al problema: el envío de los caldeos, nación «cruel y presurosa» (1.6), para castigar a Judá. Habacuc sostiene que los caldeos son mucho peores que los judíos desobedientes, diciéndole a Dios: «Muy limpio eres de ojos para ver el mal» (1.13). El Señor, sin embargo, dice que solo usa a los caldeos para sus propósitos y, en su momento, los castigará por sus propios pecados. No es trabajo de Habacuc cuestionar a Dios por sus formas de proceder: «Mas Jehová está en su santo templo; calle delante de él toda la tierra» (2.20). Habacuc, como Job, en última instancia, se somete a la autoridad de Dios.

DIGNO DE RESALTAR
Mas el justo por su fe vivirá (2.4).

Y me gozaré en el Dios de mi salvación (3.18).

ÚNICO E INUSUAL
El apóstol Pablo cita Habacuc 2.4 en su poderosa presentación del evangelio en Romanos 1.

APLICACIÓN
Nuestro mundo es muy similar al de Habacuc, un mundo lleno de violencia y de injusticia, pero Dios todavía está al mando. Lo sintamos o no, está trabajando para llevar a cabo sus propósitos.

SOFONÍAS

AUTOR
Sofonías (1.1).

FECHA
Aproximadamente entre 640-620 A.C, durante el reinado del rey Josías (1.1).

EN POCAS PALABRAS
El «día del Señor», vendrá con juicio severo.

VISTAZO GENERAL
Sofonías comienza con una profecía estremecedora: «Destruiré por completo todas las cosas de sobre la faz de la tierra». Dios la declara en el segundo versículo del libro. Personas, animales, aves y peces, todos perecerán, víctimas de la ira de Dios por la idolatría de Judá. Otras naciones vecinas serán castigadas, así, por «el fuego de mi celo» (3.8), pero hay esperanza: En su misericordia, Dios un día restaurará un remanente de Israel que «no hará injusticia, ni dirá mentira» (3.13).

DIGNO DE RESALTAR
Cercano está el día grande de Jehová, … y muy próximo (1.14).

Jehová está en medio de ti, poderoso, él salvará; se gozará sobre ti con alegría (3.17).

ÚNICO E INUSUAL
Sofonías da más detalles acerca de sí mismo que la mayoría de los profetas menores, se identificó como tataranieto de Ezequías (1.1), probablemente el popular y más justo rey de Judá (2 Crónicas 29).

APLICACIÓN
Dios le hizo al pueblo de Judá razonables llamados de alerta en cuanto a su juicio, tal como lo ha hecho con nosotros. A los cristianos, la venida del «día del Señor» no nos da temor.

HAGEO

AUTOR

Hageo (1.1).

FECHA

520 A.C. una fecha precisa, puesto que Hageo menciona «el año segundo del rey Darío» (1.1), que puede ser verificado con los registros persas.

EN POCAS PALABRAS

Los judíos regresaron del exilio y tenían la necesidad de reconstruir el templo de Dios.

VISTAZO GENERAL

Uno de los tres profetas «posexílicos», Hageo alienta a los ex cautivos de Babilonia a restaurar el templo demolido en Jerusalén. La nueva potencia mundial, Persia, ha permitido a la gente regresar a Jerusalén, pero ellos se han distraído con la construcción de sus cómodos hogares. Por medio de Hageo, Dios le dijo al pueblo que primero debían reconstruir el templo a fin de romper una sequía que afectaba al campo.

DIGNO DE RESALTAR

Esfuérzate, dice Jehová … pueblo todo de la tierra, dice Jehová, y trabajad; porque yo estoy con vosotros, dice Jehová de los ejércitos (2.4).

ÚNICO E INUSUAL

Hageo parece aludir a los tiempos de tribulación final y a la Segunda Venida de Cristo cuando cita a Dios diciendo: «Yo haré temblar los cielos y la tierra, el mar y la tierra seca; haré temblar a todas las naciones, y vendrá el Deseado de todas las naciones» (2.6-7).

APLICACIÓN

Las prioridades son importantes. Cuando ponemos a Dios primero, Él se inclina más a bendecirnos.

ZACARÍAS

AUTOR

Zacarías, hijo de Berequías (1.1), algunos creen que un segundo escritor anónimo contribuyó a escribir los capítulos 9 a 14.

FECHA

Aproximadamente entre 520-475 a.c.

EN POCAS PALABRAS

Los exiliados judíos deben reconstruir su templo y anticipar la llegada de su Mesías.

VISTAZO GENERAL

Al igual que Hageo, Zacarías es otro profeta posexílico. Él insta a los judíos a reconstruir el templo de Jerusalén. También anuncia varias profecías acerca de la venida del Mesías, incluyendo una visión de los tiempos finales y de una batalla final sobre Jerusalén, cuando «saldrá Jehová y peleará con aquellas naciones ... Y se afirmarán sus pies en aquel día sobre el Monte de los Olivos ... Y Jehová será rey sobre toda la tierra» (14.3-4, 9).

DIGNO DE RESALTAR

Volveos a mí, dice Jehová de los ejércitos, y yo me volveré a vosotros (1.3).

ÚNICO E INUSUAL

La profecía de Zacarías acerca del Mesías montado en un burro entrando a Jerusalén (9.9) se cumplió totalmente en la «entrada triunfal de Jesús» (Mateo 21.1-11). La profecía que afirma que «y mirarán a mí, a quien traspasaron» (12.10) se refiere a los soldados romanos cuando con una lanza traspasaron el costado de Cristo después de la crucifixión (Juan 19.34).

APLICACIÓN

Sabiendo que muchas de las profecías concretas de Zacarías se cumplieron en Jesús, podemos confiar en que sus otras predicciones acerca de los últimos tiempos también se cumplirán.

MALAQUÍAS

AUTOR

Malaquías (1.1), significa «mi mensajero». No se dan otros detalles.

FECHA

Aproximadamente en 450 A.C.

EN POCAS PALABRAS

Los judíos descuidan su actitud hacia Dios.

VISTAZO GENERAL

Malaquías profetiza un siglo después de volver del exilio, reprende a los judíos por ofrecer sacrificios de animales «cojos o enfermos» (1.8); por divorciarse de sus esposas para casarse con mujeres paganas (2.11, 14), y por no pagar los diezmos del templo (3.8). El Señor se enojó con la actitud de ellos, que decían: «Por demás es servir a Dios» (3.14); pero prometió bendecir a los obedientes: «Mas a vosotros los que teméis mi nombre, nacerá el Sol de justicia, y en sus alas traerá salvación; y saldréis, y saltaréis como becerros de la manada» (4.2).

DIGNO DE RESALTAR

Volveos a mí, y yo me volveré a vosotros, ha dicho Jehová de los ejércitos (3.7).

ÚNICO E INUSUAL

Malaquías, el último libro del Antiguo Testamento, contiene las últimas palabras de Dios por cuatrocientos años, hasta la aparición de Juan el Bautista y Jesús, el Mesías, como fue profetizado en Malaquías 3.1: «He aquí, yo envío mi mensajero, el cual preparará el camino delante de mí; y vendrá súbitamente a su templo el Señor a quien vosotros buscáis».

APLICACIÓN

Dios no quiere rituales religiosos vacíos, «Él quiere verdaderos adoradores que le adoren en espíritu y en verdad» (Juan 4.24).

MATEO

AUTOR

No se indica, pero tradicionalmente atribuido a Mateo, un recaudador de impuestos (9.9). Mateo es también conocido como «Leví» (Marcos 2.14).

FECHA

Aproximadamente 70 A.D., cuando los romanos destruyeron el templo en Jerusalén.

EN POCAS PALABRAS

Jesús cumple las profecías del Antiguo Testamento acerca de la venida del Mesías.

VISTAZO GENERAL

Como primero de los cuatro *evangelios* (que significa «buenas nuevas»), el libro de Mateo une lo que sigue en el Nuevo Testamento a lo que procede del Antiguo. El libro, escrito principalmente para un público judío, utiliza numerosas referencias del Antiguo Testamento para probar que Jesús es el Mesías prometido que los judíos han estado esperando desde hace siglos. Empezando con una genealogía que muestra «la ascendencia de Jesús a través del rey David y el patriarca Abraham, seguidamente, Mateo da detalles del anuncio angelical en cuanto a «la concepción de Jesús» y la visita de los «magos del oriente» con sus regalos de oro, incienso y mirra. Mateo introduce el personaje Juan el Bautista, pariente y precursor de Jesús, y describe la vocación de los principales discípulos Pedro, Andrés, Santiago y Juan. Las enseñanzas de Jesús son enfatizadas, con largos pasajes que cubren el Sermón del Monte (capítulos 5 a 7), incluyendo las bienaventuranzas («Bienaventurados los...») y la Oración del Señor («Padre nuestro que estás en los cielos...») Como todos los cuatro evangelios, Mateo también habla de la muerte, sepultura y resurrección de Jesús y es el único biógrafo de Cristo que habla de varios milagros como la ruptura del velo del templo, el terremoto, la tumba abierta y la resurrección de los santos muertos que ocurrió durante ese tiempo (27.50-54).

DIGNO DE RESALTAR

Y dará a luz un hijo, y llamarás su nombre JESÚS, porque él salvará a su pueblo de sus pecados (1.21).

Vosotros sois la sal de la tierra … Vosotros sois la luz del mundo (5.13-14).

Amad a vuestros enemigos, bendecid a los que os maldicen, haced bien a los que os aborrecen, y orad por los que os ultrajan y os persiguen (5.44).

No juzguéis, para que no seáis juzgados (7.1).

Pedid y se os dará, buscad y hallaréis, llamad y se os abrirá (7.7).

Por tanto, id, y haced discípulos a todas las naciones, bautizándolos en el nombre del Padre del Hijo y del Espíritu Santo (28.19).

ÚNICO E INUSUAL

Mateo es el único evangelio que utiliza los términos «iglesia» y «reino de los cielos».

APLICACIÓN

Como Mesías, Jesús es también Rey, digno de nuestra adoración.

Marcos

Autor

No se indica, pero tradicionalmente atribuido a Juan Marcos, compañero misionero de Pablo y Bernabé (Hechos 12.25) e hijo en la fe del apóstol Pedro (1 Pedro 5.13).

Fecha

Probablemente en el año 60, durante la persecución de los cristianos en Roma.

En pocas palabras

Jesús es el Hijo de Dios, el siervo sufriente de todas las personas.

Vistazo general

El segundo de los cuatro evangelios para muchos debió de haber sido escrito primero. El libro de Marcos es la más breve y activa de las cuatro biografías de Jesús, la mayoría de los registros se repite en los evangelios de Mateo y Lucas. Marcos se dirige a un público gentil, representando a Jesús como hombre de acción, divinamente capaz de sanar la enfermedad, controlar la naturaleza y luchar contra los poderes de Satanás. El tema de Marcos acerca del siervo sufriente proviene de sus narraciones acerca de la interacción de Jesús con los escépticos hostiles: los dirigentes judíos, que querían matarlo (9.31); sus vecinos, que le ofendían (6.3), e incluso los miembros de su propia familia, que pensaban que estaba loco (3.21). Jesús les presenta a sus discípulos lo que deben perseguir: «El que quiera hacerse grande entre vosotros será vuestro servidor, y el que de vosotros quiera ser el primero, será siervo de todos. Porque el Hijo del Hombre no vino para ser servido, sino para servir, y para dar su vida en rescate por muchos» (10.43-45).

Digno de resaltar

Venid en pos de mí, y haré que seáis pescadores de hombres (1.17).

Dejad que los niños vengan a mí, y no se lo impidáis porque de los tales es el reino de Dios (10.14).

Es más fácil que un camello pase por el ojo de una aguja, que un rico entre en el reino de Dios (10.25).

Dad al César lo que es del César, y a Dios lo que es de Dios (12.17).

Velad y orad, para que no entréis en tentación. El espíritu a la verdad está dispuesto, pero la carne es débil (14.38).

ÚNICO E INUSUAL

Muchos creen que un espectador anónimo en el «arresto de Jesús», que se menciona en el Evangelio de Marcos, era el mismo evangelista: «Pero cierto joven le seguía, cubierto el cuerpo con una sábana; y le prendieron; mas él, dejando la sábana, huyó desnudo» (14.51-52).

APLICACIÓN

El sufrimiento y la pérdida no son necesariamente situaciones malas; de hecho, para los cristianos son el camino a la vida real (8.35).

Lucas

Autor

No se indica pero, por tradición es atribuido a Lucas, un médico gentil (Colosenses 4.14) y compañero misionero del apóstol Pablo (2 Timoteo 4.11).

Fecha

Posiblemente entre 70 y 80 A.D., ya que el evangelio se estaba extendiendo por todo el Imperio Romano.

En pocas palabras

Jesús es el Salvador de todos los hombres, sean judíos o gentiles.

Vistazo general

El Evangelio de Lucas se dirige a un hombre llamado Teófilo (1.3), «para poner en orden la historia de las cosas que son firmemente ciertas entre nosotros» acerca de Jesucristo (1.1). No está claro quién fue Teófilo, aunque algunos creen que podría haber sido un oficial romano, por lo que el libro de Lucas es el menos judío y el más universal de los cuatro evangelios. Lucas traza la genealogía de Jesús más allá de Abraham, el patriarca hebreo, finalizando con con Adán, y «el hijo de Dios» (3.38), el antepasado común de todos. Lucas también muestra la compasión de Jesús por toda la gente: los soldados romanos (7.1-10), las viudas (7.11-17), el «pecador» (7.36-50), los enfermos crónicos (8.43-48), los leprosos (17.11-19), y muchos otros incluido un criminal condenado a morir en una cruz al lado de Jesús (23.40-43). Al igual que con todos los evangelios, Lucas muestra la resurrección de Jesús, agregando detalles de sus apariciones a los dos creyentes en el camino de Emaús y a los once discípulos restantes. Al final del libro, Lucas relata la ascensión de Cristo al cielo, preparando el escenario para una especie de secuela: el libro de Lucas de los Hechos.

Digno de resaltar

Porque donde está vuestro tesoro, allí estará también vuestro corazón (12.34)

Os digo que así habrá más gozo en el cielo por un pecador que se arrepiente, que por noventa y nueve justos que no necesitan de arrepentimiento (15.7).

Todo el que procure salvar su vida, la perderá; y todo el que la pierda, la salvará. (17.33)

De cierto os digo, que el que no recibe el reino de Dios como un niño, no entrará en él (18.17).

Porque el Hijo del Hombre vino a buscar y a salvar lo que se había perdido (19.10).

ÚNICO E INUSUAL

Lucas es el único evangelio que difunde las historias de Jesús («parábolas») acerca del buen samaritano (10.25-37), el hijo pródigo (15.11-32), y el hombre rico y Lázaro (16.19-31). Lucas es también el único evangelio que relata los detalles auténticos del nacimiento de Jesús y las palabras que dijo en la infancia (capítulo 2).

APLICACIÓN

No importa quién seas, de dónde vienes ni lo que hayas hecho, Jesús vino a buscarte y a salvarte.

JUAN

AUTOR

No se indica, pero, tradicionalmente es atribuido a Juan, el «discípulo a quien Jesús amaba» (Juan 21.7), hermano de Santiago, hijo de Zebedeo (Mateo 4.21).

FECHA

Alrededor del 90 A.D., es el último evangelio escrito.

EN POCAS PALABRAS

Jesús es Dios mismo, el único Salvador del mundo.

VISTAZO GENERAL

Si bien los libros de Mateo, Marcos y Lucas tienen muchas similitudes (se llaman «sinópticos», lo que significa que tienen una visión común), el libro de Juan está solo. El cuarto evangelio resta importancia a las parábolas de Jesús (no se registran) y a los milagros (solo se destacan siete). En cambio, Juan ofrece detalles más extensos acerca de las razones que tuvo Jesús para venir a la tierra («Yo he venido para que tengan vida, y para que la tengan en abundancia», 10.10); su relación íntima con Dios el Padre («Yo y mi Padre somos uno», 10.30), y sus sentimientos para con el trabajo que había venido a hacer («Padre, la hora ha llegado; glorifica a tu Hijo, para que también tu Hijo te glorifique a ti; como le has dado potestad sobre toda carne, para que dé vida eterna a todos los que le diste», 17.1-2). Juan también brinda especial énfasis al tratamiento tolerante que Jesús da a sus discípulos; Tomás, que dudaba de la resurrección (20.24-29), y Pedro, que había negado al Señor (21.15-23).

DIGNO DE RESALTAR

En el principio era el Verbo, y el Verbo era con Dios, y el Verbo era Dios (1.1).

Porque de tal manera amó Dios al mundo, que ha dado a su Hijo unigénito para que todo aquel que en él cree, no se pierda, mas tenga vida eterna (3.16).

Yo soy el pan de vida (6.35).

Yo soy el buen pastor, el buen pastor su vida da por las ovejas (10.11).

Yo soy el camino, la verdad y la vida; nadie viene al Padre sino por mí (14.6).

ÚNICO E INUSUAL

El primer milagro de Jesús, la conversión del agua en vino en una boda en Caná, se registra solo en el Evangelio de Juan (2.1-12). Así como la resurrección de Lázaro de entre los muertos (11.1-44), la curación de un ciego de nacimiento (9.1-38), y la sanidad a través de la distancia del hijo de un noble (4.46-54). Juan es también el único evangelio en hacer mención acerca de Nicodemo, que oyó la enseñanza de Jesús en cuanto a que «Os es necesario nacer de nuevo» (3.7).

APLICACIÓN

«Pero éstas se han escrito para que creáis que Jesús es el Cristo, el Hijo de Dios, y para que creyendo, tengáis vida en su nombre» (20.31).

HECHOS

AUTOR

Aunque no se indica su autor, tradicionalmente se atribuye a Lucas, un médico gentil (Colosenses 4.14), compañero misionero del apóstol Pablo (2 Timoteo 4.11), y autor del Evangelio de Lucas.

FECHA

Cubre los eventos de los años 30-60 A.D., Hechos fue escrito probablemente en algún momento entre los años 62 y 80 de la era cristiana.

EN POCAS PALABRAS

La llegada del Espíritu Santo anuncia el comienzo de la iglesia cristiana.

VISTAZO GENERAL

Oficialmente llamado «Hechos de los Apóstoles», el libro de los Hechos es un puente entre la historia de Jesús en los evangelios y la vida de la iglesia en las cartas que le siguen. Lucas comienza con la ascensión de Jesús al cielo, cuarenta días de mucha actividad después de la resurrección, «hablando de las cosas pertenecientes al reino de Dios» (1.3). Diez días más tarde, Dios envía el Espíritu Santo en el día de la fiesta de Pentecostés y así nace la Iglesia. Por medio del Espíritu, los discípulos reciben poder para predicar con valentía acerca de Jesús, por lo que tres mil personas se convierten en cristianos ese día. Los líderes judíos, temerosos del nuevo movimiento llamado «el camino» (9.2), comenzaron a perseguir a los creyentes, que difundieron el evangelio a través de gran parte del mundo conocido. El último perseguidor, Saulo, se convierte en cristiano después de un resplandeciente encuentro, con el Jesús celestial en el camino a Damasco. Saulo, después llamado Pablo, en última instancia, se une a Pedro y a otros líderes cristianos en la predicación, los milagros y el fortalecimiento de la iglesia naciente.

DIGNO DE RESALTAR

Varones galileos, ¿por qué estáis mirando al cielo? Este mismo Jesús, que ha sido tomado de vosotros al cielo, así vendrá como le habéis visto ir al cielo (1.11).

Arrepentíos, y bautícese cada uno de vosotros en el nombre de Jesucristo para perdón de los pecados; y recibiréis el don del Espíritu Santo (2.38).

Y en ningún otro hay salvación; porque no hay otro nombre bajo el cielo, dado a los hombres, en que podamos ser salvos (4.12).

Saulo, Saulo, ¿por qué me persigues? (9.4)

ÚNICO E INUSUAL

Hechos habla del primer mártir cristiano, Esteban, lapidado por culpar a los líderes judíos de la muerte de Jesús (capítulo 7). Hechos también representa el evangelio de transición; uno que va de ser un mensaje meramente para el judío a otro que es para todas las personas (9.15; 10.45) y el comienzo del movimiento cristiano misionero (capítulo 13).

APLICACIÓN

Los cristianos de hoy son impulsados por la misma fuerza que describe Hechos: «Recibiréis poder, cuando haya venido sobre vosotros el Espíritu Santo» (1.8).

Romanos

Autor

El apóstol Pablo (1.1), con la asistencia, como secretario, de Tercio (16.22).

Fecha

Aproximadamente en el año 57 A.D., al final del tercer viaje misionero de Pablo.

En pocas palabras

Los pecadores son salvos solo por la fe en Jesucristo.

Vistazo general

Algunos llaman a Romanos un «libro de texto de teología» por su completa explicación acerca de la vida cristiana. Pablo comienza con una descripción de la justa ira de Dios contra el pecado humano (capítulos 1—2), y señala que todos somos pecadores (3.23). Pero Dios mismo proporciona la única manera de triunfar sobre el pecado, «la justicia de Dios que es por la fe en Jesucristo, para todos y sobre todo para los que creen» (3.22). Siendo justificados (hechos justos) por la fe en Jesús, podemos considerarnos «muertos al pecado, pero vivos para Dios en Cristo Jesús, Señor nuestro» (6.11). El Espíritu de Dios «vivifica» (da vida, 8.11) a todos los que creen en Jesús, que nos permite «presentar [el cuerpo] como sacrificio vivo, santo, agradable a Dios» (12.1). Es posible, con la ayuda de Dios, que «no seas vencido de lo malo, sino [que] vence el mal con el bien» (12.21).

Digno de resaltar

Por cuanto todos pecaron, y están destituidos de la gloria de Dios (3.23).

Mas Dios muestra su amor para con nosotros, en que siendo aún pecadores, Cristo murió por nosotros (5.8).

Porque la paga del pecado es muerte, mas la dádiva de Dios es vida eterna en Cristo Jesús nuestro Señor (6.23).

¡Miserable de mí!, ¿quién me librará de este cuerpo de muerte? Gracias doy a Dios, por Jesucristo Señor nuestro (7.24-25).

Y sabemos que a los que aman a Dios, todas las cosas les ayudan a bien, esto es, a los que conforme a su propósito son llamados (8.28).

No debáis a nadie nada, sino el amaros unos a otros; porque el que ama al prójimo, ha cumplido la ley (13.8).

El amor no hace mal al prójimo; así que el cumplimiento de la ley es el amor (13.10).

ÚNICO E INUSUAL

A diferencia de las otras cartas de Pablo a las iglesias, Romanos se dirigía a una congregación que él nunca había conocido. El gran misionero tenía la esperanza de ver a los cristianos romanos personalmente mientras viajaba hacia el oeste a España (15.23-24). No está claro si en realidad Pablo llegó a España o si fue ejecutado en Roma después del final del libro de los Hechos.

APLICACIÓN

En palabras de Pablo: «Justificados, pues, por la fe, tenemos paz para con Dios por medio de nuestro Señor Jesucristo» (5.1).

1 Corintios

Autor
El apóstol Pablo, con la ayuda de Sóstenes (1.1).

Fecha
Aproximadamente entre 55-57 de la era cristiana.

En pocas palabras
El apóstol aborda ciertos problemas de pecado en la iglesia de Corinto.

Vistazo general
Pablo había ayudado a fundar la iglesia en Corinto (Hechos 18), pero luego se trasladó a otros campos misioneros. Durante su estancia en Éfeso, tuvo conocimiento de los graves problemas en la congregación de Corinto y les escribe una larga carta para abordar esas situaciones. Para los que discuten sobre quién debe dirigir la iglesia, Pablo exhorta a «que estéis perfectamente unidos en una misma mente y en un mismo parecer» (1.10). A un hombre envuelto en una relación inmoral con su madrastra, Pablo ordena: «Quitad, pues, de entre vosotros a ese perverso» (5.13). A los miembros de la iglesia presentando demandas contra otros, Pablo advierte: «¿No sabéis vosotros que los injustos no heredarán el reino de Dios?» (6.9) El apóstol también enseña sobre el matrimonio, la libertad cristiana, la Cena del Señor, los dones espirituales y la resurrección de los muertos. En el famoso capítulo decimotercero de 1 Corintios, Pablo describe el «camino más excelente» (12.31): el de la caridad o el amor.

Digno de resaltar
Porque la palabra de la cruz es locura a los que se pierden; pero a los que se salvan, esto es, a nosotros, es poder de Dios (1.18).

Porque lo insensato de Dios es más sabio que los hombres, y lo débil de Dios es más fuerte que los hombres (1.25).

Porque nadie puede poner otro fundamento que el que está puesto, el cual es Jesucristo (3.11).

Pero mirad que esta libertad vuestra no venga a ser tropezadero para los débiles (8.9).

Me he hecho débil a los débiles, para ganar a los débiles; a todos me he hecho de todo, para que de todos modos salve a algunos (9.22).

Así, pues, todas las veces que comiereis este pan, y bebiereis esta copa, la muerte del Señor anunciáis hasta que él venga (11.26).

Si yo hablase lenguas humanas y angélicas, y no tengo amor, vengo a ser como metal que resuena, o címbalo que retiñe (13.1).

ÚNICO E INUSUAL

Refutando a los opositores que cuestionaban su apostolado, Pablo insiste en que es más que un apóstol original de Jesús. Por eso se pregunta en 1 Corintios 9.1: ¿No soy apóstol? ¿No soy libre? ¿No he visto a Jesús el Señor nuestro?

APLICACIÓN

Los problemas de la iglesia no son nada nuevo, tampoco la manera de corregirlos. La pureza personal, la autodisciplina y el amor por los demás son vitales para el éxito de una congregación.

2 CORINTIOS

AUTOR

El apóstol Pablo, con la asistencia de Timoteo (1.1).

FECHA

Aproximadamente el 55-57 A.D, poco después de escribirse 1 Corintios.

EN POCAS PALABRAS

Pablo defiende su ministerio en la conflictiva iglesia de Corinto.

VISTAZO GENERAL

Los creyentes de Corinto habían presentado al parecer, algunos problemas que Pablo mencionó en la primera carta, por ejemplo, que todavía habían revoltosos que cuestionaban su autoridad. Por eso se vio obligado a hablar con locura (11.21), haciendo alarde de las dificultades que había enfrentado al servir a Jesús, «en trabajos más abundante; en azotes sin número; en cárceles más; en peligros de muerte muchas veces» (11.23). Pablo incluso sufrió un «aguijón en la carne» (12.7), el cual Dios se negó a quitarle, y en su lugar le dijo: «Bástate mi gracia; porque mi poder se perfecciona en la debilidad» (12.9). En su despedida advirtió a los corintios: «Examinaos a vosotros mismos si estáis en la fe; probaos a vosotros mismos» (13.5).

DIGNO DE RESALTAR

Al que no conoció pecado, por nosotros lo hizo pecado, para que nosotros fuésemos hechos justicia de Dios en él (5.21).

ÚNICO E INUSUAL

Pablo nunca señala cuál es su «aguijón en la carne», aunque algunos especulan que pudo haber sido un problema de la vista, las tentaciones e incluso su falta de atractivo físico.

APLICACIÓN

Los cristianos deben respetar la autoridad, ya sea en la iglesia, el hogar o la sociedad en general.

GÁLATAS

AUTOR
El apóstol Pablo (1.1).

FECHA
Tal vez alrededor del 49 A.D., ya que fue una de las primeras cartas paulinas.

EN POCAS PALABRAS
Los cristianos son libres de las restringidas leyes judías.

VISTAZO GENERAL
Después de escribir a varias iglesias de la región, Pablo solo puede «maravillarse» (1.6) de que los cristianos de Galacia se hayan alejado de su libertad en Jesús para irse de nuevo a las normas del judaísmo del Antiguo Testamento. Algunas personas trataron de obligar a los cristianos a «vivir como lo hacen los judíos» (2.14), un error incluso que el apóstol Pedro hizo (2.11-13). Pablo afirmó tajantemente que «ninguno se justifica para con Dios … El justo por la fe vivirá» (3.11).

DIGNO DE RESALTAR
¡Oh gálatas insensatos! ¿quién os fascinó? (3.1)

Mas el fruto del Espíritu es amor, gozo, paz, paciencia, benignidad, bondad, fe, mansedumbre, templanza; contra tales cosas no hay ley (5.22-23).

ÚNICO E INUSUAL
Uno de los comentarios finales de Pablo, «Mirad con cuán grandes letras os escribo de mi propia mano» (6.11), hace que algunos crean que el problema de la vista era «el aguijón en la carne» del apóstol (2 Corintios 12.7).

APLICACIÓN
Las viejas reglas del Antiguo Testamento no controlan la vida de los cristianos, pero el Espíritu de Dios sí: «Andad en el Espíritu, y no satisfagáis los deseos de la carne» (5.16).

EFESIOS

AUTOR

El apóstol Pablo (1.1).

FECHA

Alrededor del 62 A.D., hacia el final de la vida de Pablo.

EN POCAS PALABRAS

Los cristianos son todos miembros del «cuerpo» de Cristo, la iglesia.

VISTAZO GENERAL

Pablo había fundado la iglesia en Éfeso (Hechos 19) y ahora explica en detalle a los miembros de la misma la relación que deben tener con Jesucristo, de modo que «crezcamos en todo en aquel que es la cabeza, esto es, Cristo» (4.15). A través de Jesús, Dios ha reconciliado a judíos y gentiles en sí mismo (2.11-18). Esta nueva vida debe dar lugar a una existencia honesta y pura en la iglesia y en el hogar (capítulos 4—6).

DIGNO DE RESALTAR

Porque por gracia sois salvos por medio de la fe; y esto no de vosotros, pues es don de Dios; no por obras, para que nadie se gloríe (2.8-9).

Vestíos de toda la armadura de Dios, para que podáis estar firmes contra las asechanzas del diablo (6.11).

ÚNICO E INUSUAL

Pablo les dice a los siervos (esclavos, en el lenguaje de hoy) que deben «obedecer a vuestros amos» (6.5). ¿Por qué? Porque Dios recompensará esa conducta (6.8).

APLICACIÓN

«En él [Jesús] también ustedes son edificados juntamente para ser morada de Dios por su Espíritu» (2.22, NVI).

FILIPENSES

AUTOR
El apóstol Pablo junto con Timoteo (1.1).

FECHA
Probablemente a principios de los 60 de la era cristiana.

EN POCAS PALABRAS
«Una carta de amistad» entre el apóstol Pablo y una amada iglesia.

VISTAZO GENERAL
Con dieciséis referencias al «gozo» y al «regocijo», Filipenses es una de las más optimistas misivas del apóstol Pablo, aun cuando la escribió «encadenado» (1.13). Pablo agradece a la Iglesia de Filipos su apoyo (1.5) y anima a su gente: «Regocijaos en el Señor siempre. Otra vez digo: ¡Regocijaos!» (4.4)

DIGNO DE RESALTAR
Porque para mí el vivir es Cristo, y el morir es ganancia (1.21).

Prosigo a la meta, al premio del supremo llamamiento de Dios en Cristo Jesús (3.14).

Por nada estéis afanosos, sino sean conocidas vuestras peticiones delante de Dios en toda oración y ruego, con acción de gracias (4.6).

ÚNICO E INUSUAL
Aunque la unidad es un tema común en las cartas de Pablo, señala a dos mujeres de Filipos, Evodia y Síntique, y les ruega «que sean de un mismo sentir en el Señor» (4.2).

APLICACIÓN
Cuando vivimos en el gozo del Señor, «la paz de Dios, que sobrepasa todo entendimiento, guardará vuestros corazones y vuestros pensamientos en Cristo Jesús» (4.7).

COLOSENSES

AUTOR

El apóstol Pablo junto con Timoteo (1.1).

FECHA

Probablemente a principios del 60 A.D.

EN POCAS PALABRAS

Jesucristo es supremo sobre todos y todas las cosas.

VISTAZO GENERAL

Las falsas enseñanzas («palabras persuasivas», 2.4) se habían infiltrado aparentemente en la Iglesia de Colosas, haciendo que algunas personas agregaran elementos innecesarios e inútiles a su fe cristiana. Pablo envió esta carta para recordarles a los cristianos la superioridad de Jesús sobre las reglas y normas judías (2.16), los ángeles (2.18), y cualquier otra cosa. Jesús es «la imagen del Dios invisible, el primogénito de toda criatura» (1.15).

DIGNO DE RESALTAR

Por lo cual también nosotros, desde el día que lo oímos, no cesamos de orar por vosotros (1.9).

Poned la mira en las cosas de arriba, no en las de la tierra (3.2).

Y la paz de Dios gobierne en vuestros corazones, a la que asimismo fuisteis llamados en un solo cuerpo; y sed agradecidos (3.15).

ÚNICO E INUSUAL

Pablo menciona una carta a Laodicea (4.16), que al parecer no era como las Escrituras del Nuevo Testamento.

APLICACIÓN

«Mirad que nadie os engañe por medio de filosofías y huecas sutilezas, según las tradiciones de los hombres … y no según Cristo» (2.8).

1 Tesalonicenses

Autor

El apóstol Pablo, junto con Silvano (Silas) y Timoteo (1.1).

Fecha

A principios de los 50 A.D., quizá antes de la primera carta de Pablo.

En pocas palabras

Jesús volverá para reunir a sus seguidores consigo.

Vistazo general

En esta carta enviada a otra de las iglesias que él ayudó a fundar (Hechos 17), Pablo enseña acerca de la Segunda Venida de Cristo, al parecer un tema que le preocupaba a los tesalonicenses. Pablo describe *cómo* volverá Jesús, pero no dice exactamente *cuándo*. Lo importante, según sus palabras, es «que vosotros andéis como es digno de Dios, que os llamó a su reino y gloria» (2.12).

Digno de resaltar

Porque el Señor mismo con voz de mando, con voz de arcángel, y con trompeta de Dios, descenderá del cielo; y los muertos en Cristo resucitarán primero (4.16).

El día del Señor vendrá así como ladrón en la noche (5.2).

Único e inusual

La Primera Carta a los Tesalonicenses contiene dos de los versículos más cortos de la Biblia: «Estad siempre gozosos» (5.16) y «Orad sin cesar» (5.17).

Aplicación

A los tesalonicenses se les exhortó a vivir de manera correcta, esperando el regreso de Cristo. Han transcurrido dos mil años, ¿no crees que esta enseñanza sea más importante para nosotros hoy?

2 Tesalonicenses

Autor

El apóstol Pablo, junto con Silvano (Silas) y Timoteo (1.1).

Fecha

A comienzo de los 50 A.D., quizá sea la segunda carta más antigua de Pablo.

En pocas palabras

Los cristianos deben trabajar hasta que Jesús regrese.

Vistazo general

Poco después de escribir 1 Tesalonicenses, Pablo les hace un seguimiento. Al parecer, les había llegado una carta afirmando falsamente ser de él, eso había dejado a los tesalonicenses «turbados» (2.2) ante la idea de que Jesús ya había regresado. Pablo les asegura que el evento está aún en el futuro, e insta a todos a llevar vidas positivas y productivas hasta la Segunda Venida. «Si alguno no quiere trabajar», dijo Pablo informándoles a los que habían abandonado todo a la espera del regreso de Jesús, «tampoco coma» (3.10).

Digno de resaltar

Y a vosotros que sois atribulados, daros reposo con nosotros, cuando se manifieste el Señor Jesús desde el cielo con los ángeles de su poder (1.7).

Y vosotros, hermanos, no os canséis de hacer bien (3.13).

Único e inusual

El hecho de que Pablo dictara esta carta se desprende de su comentario: «La salutación es de mi propia mano, de Pablo … así escribo» (3.17).

Aplicación

Como en todo, en la vida cristiana, el equilibrio es clave: Siempre debemos esperar el regreso de Jesús, pero también hay que estar ocupado haciendo el bien mientras estemos aquí en la tierra.

1 TIMOTEO

AUTOR
El apóstol Pablo (1.1).

FECHA
Aproximadamente en el 63 A.D.

EN POCAS PALABRAS
A los pastores se les enseña cómo dirigir sus vidas y las iglesias.

VISTAZO GENERAL
Como la primera de las tres «epístolas pastorales», 1 Timoteo contiene experimentadas reflexiones del apóstol Pablo para una nueva generación de líderes de la iglesia. Timoteo había trabajado a menudo junto a Pablo, pero ahora era pastor en Éfeso (1.3). Pablo le advierte en contra del legalismo y las falsas enseñanzas (capítulo 1), enumera los requisitos para los pastores y los diáconos (capítulo 3), y describe el comportamiento de un buen ministro «de Jesucristo» (4.6) en los últimos tres capítulos.

DIGNO DE RESALTAR
Palabra fiel y digna de ser recibida por todos: que Cristo Jesús vino al mundo para salvar a los pecadores, de los cuales yo soy el primero (1.15).

Palabra fiel: Si alguno anhela obispado, buena obra desea (3.1).

ÚNICO E INUSUAL
Esta carta habla sobre el pago justo para los pastores y obreros: «Los ancianos que gobiernan bien, sean tenidos por dignos de doble honor … Digno es el obrero de su salario» (5.17-18).

APLICACIÓN
Aunque 1 Timoteo es una carta a un pastor, la enseñanza de Pablo, «para que si tardo, sepas cómo debes conducirte en la casa de Dios» (3.15), puede hablarnos al resto de nosotros, también.

2 TIMOTEO

AUTOR
El apóstol Pablo (1.1).

FECHA
Probablemente a mediados de los años 60 de la era cristiana.

EN POCAS PALABRAS
Las últimas palabras del apóstol Pablo a un compañero de trabajo amado.

VISTAZO GENERAL
Esta puede ser la última carta conocida de Pablo. Dirigida a «Timoteo, mi amado hijo querido» (1.2), el libro advierte al joven pastor contra las enseñanzas falsas y le insta a tener una vida de pureza en su congregación. Timoteo debía estar preparado para enfrentar los problemas («Todos los que quieren vivir piadosamente en Cristo Jesús, padecerán persecución», 3.12), pero Dios promete ser fiel («El Señor me librará de toda obra mala y me preservará para su reino celestial», 4.18). Pablo le pide a Timoteo que se una a él tan pronto como sea posible, ya que «el tiempo de mi partida está cercano» (4.6).

DIGNO DE RESALTAR
Tú, pues, sufre penalidades como buen soldado de Jesucristo (2.3).

ÚNICO E INUSUAL
Pablo habla acerca del origen de las Escrituras en 2 Timoteo: «Toda la Escritura es inspirada por Dios» (3.16). La idea que expresa la palabra *inspiración* es «exhalado».

APLICACIÓN
Todos debemos vivir de tal manera que podamos decir, como Pablo: «He peleado la buena batalla, he acabado la carrera, he guardado la fe» (4.7).

TITO

AUTOR

El apóstol Pablo (1.1).

FECHA

Aproximadamente en el año 63 de la era cristiana.

EN POCAS PALABRAS

A los líderes de la iglesia se les instruye y enseña sobre sus vidas.

VISTAZO GENERAL

Pablo dejó a Tito en la isla mediterránea de Creta para «poner en orden las cosas que faltan, y ordenar a los ancianos» (1.5) en la iglesia naciente. Conocido por su mal comportamiento (véase sección «único e inusual», más adelante), el pueblo de Creta necesitaba líderes en la iglesia apegados a la «palabra fiel, tal como ha sido enseñada, para que también pueda exhortar con sana enseñanza y convencer a los que contradicen» (1.9).

DIGNO DE RESALTAR

Nos salvó, no por obras de justicia que nosotros hubiéramos hecho, sino por su misericordia, por el lavamiento de la regeneración y por la renovación en el Espíritu Santo (3.5).

ÚNICO E INUSUAL

Pablo cita a un filósofo de Creta en esta carta: «Uno de ellos, su propio profeta, dijo: Los cretenses, siempre mentirosos, malas bestias, glotones ociosos» (1.12). La cita es de Epiménides, del siglo VI A.C.

APLICACIÓN

Los líderes eclesiásticos conservaron un alto nivel por amor a las personas de la iglesia en general. Lo que es bueno para el pastor es bueno para todos los demás.

FILEMÓN

AUTOR
El apóstol Pablo (1.1).

FECHA
Probablemente alrededor del 63 A.D., cuando Pablo estaba preso en Roma.

EN POCAS PALABRAS
Pablo pide clemencia para un esclavo fugitivo que se convirtió al cristianismo.

VISTAZO GENERAL
Filemón es un «colaborador» (1.1) de Pablo, un hombre que ha «confortado» (1.7) a otros cristianos con su amor y generosidad. Pero el apóstol escribe con la más profunda petición a Filemón de que perdone y recupere a un esclavo fugitivo, que al parecer aceptó a Cristo por la enseñanza de Pablo: «Mi hijo Onésimo, a quien engendré en mis prisiones» (1.10). «Así que, si me tienes por compañero» (1.17), le escribió Pablo a Filemón, «recíbele como a mí mismo».

DIGNO DE RESALTAR
Doy gracias a mi Dios, haciendo siempre memoria de ti en mis oraciones, porque oigo del amor y de la fe que tienes hacia el Señor Jesús, y para con todos los santos (1.4-5).

Te he escrito confiando en tu obediencia, sabiendo que harás aun más de lo que te digo (1.21).

ÚNICO E INUSUAL
Filemón es la más breve de las cartas de Pablo en la Biblia, con solo un capítulo y veinticinco versículos.

APLICACIÓN
Los cristianos están llamados a perdonar, y aquí hay un ejemplo práctico a tener en cuenta. Con la ayuda de Dios, fue libre de sus rencores.

HEBREOS

AUTOR

No se indica, aunque han sido sugeridos: Pablo, Lucas, Bernabé y Apolos.

FECHA

Probablemente en algún momento antes del 70 A.D., ya que Hebreos se refiere a los sacrificios del templo de Jerusalén y este fue destruido por los romanos en el año 70.

EN POCAS PALABRAS

Jesús es mejor que cualquier persona o sacrificio del Antiguo Testamento.

VISTAZO GENERAL

Escrito a los cristianos judíos (de ahí el nombre de «hebreos»), esta larga carta hace hincapié en la superioridad del cristianismo sobre el judaísmo del Antiguo Testamento. Jesús es «mucho mejor» (1.4) que los ángeles, Moisés y los sacrificios de animales. «Porque si la sangre de los toros y de los machos cabríos, y las cenizas de la becerra rociadas a los inmundos, santifican para la purificación de la carne», Hebreos pregunta: «¿cuánto más la sangre de Cristo, el cual mediante el Espíritu eterno se ofreció a sí mismo sin mancha a Dios, limpiará vuestras conciencias de obras muertas para que sirváis al Dios vivo? (9.13-14) A algunos cristianos judíos, que aparentemente tambalearon en su compromiso con Jesús, se les recuerda que Cristo «es mediador de un mejor pacto, establecido sobre mejores promesas» (8.6) una vez y para siempre el sacrificio en la cruz, nos proporciona «eterna redención» (9.12).

DIGNO DE RESALTAR

¿Cómo escaparemos nosotros, si descuidamos una salvación tan grande? (2.3)

Por tanto, queda un reposo para el pueblo de Dios (4.9).

Y de la manera que está establecido para los hombres que mueran una sola vez, y después de esto el juicio (9.27).

No dejando de congregarnos, como algunos tienen por costumbre;

sino exhortándonos; y tanto más, cuanto veis que aquel día se acerca (10.25).

Es, pues, la fe la certeza de lo que se espera, la convicción de lo que no se ve (11.1).

Por tanto, nosotros también, teniendo en derredor nuestro tan grande nube de testigos, despojémonos de todo peso y del pecado que nos asedia, y corramos con paciencia la carrera que tenemos por delante, puestos los ojos en Jesús, el autor y consumador de la fe (12.1-2).

Permanezca el amor fraternal (13.1).

ÚNICO E INUSUAL

Hebreos es una de solamente dos cartas del Nuevo Testamento (la otra es 1 Juan) que no incluye ninguna felicitación o mención de su autor.

APLICACIÓN

«Así que, hermanos, teniendo libertad para entrar en el Lugar Santísimo por la sangre de Jesucristo, acerquémonos con corazón sincero, en plena certidumbre de fe, purificados los corazones de mala conciencia, y lavados los cuerpos con agua pura» (10.19, 22).

Santiago

Autor

Santiago (1.1), quizás el hermano de Jesús (véanse Mateo 13.55, Marcos 6.3).

Fecha

Aproximadamente en el 60 A.D.

En pocas palabras

La fe cristiana real se muestra con buenas obras.

Vistazo general

Aunque el apóstol Pablo enseñó claramente que la salvación es por fe y no por buenas obras (Romanos 3.28), Santiago aclara que las buenas obras *seguirán* a la fe verdadera: «Hermanos míos, ¿de qué aprovechará si alguno dice que tiene fe, y no tiene obras?» (2.14) Santiago anima a los cristianos, en la vida cotidiana, para ver las pruebas como oportunidades para el crecimiento espiritual, para controlar la lengua, hacer la paz, para evitar favoritismos y para ayudar a los necesitados. El resultado final: «Por tanto, y al que sabe hacer lo bueno, y no lo hace, le es pecado» (4.17).

Digno de resaltar

Acercaos a Dios, y él se acercará a vosotros (4.8).

La oración eficaz del justo puede mucho (5.16).

Único e inusual

A aquellos que piensan que basta con creer en Dios, Santiago dice: «También los demonios creen, y tiemblan» (2.19). Lo que cambia la vida es la fe en Jesús, esa es la clave.

Aplicación

¿Quieres practicar la sabiduría para vivir la vida cristiana? Lo encontrarás todo a través del libro de Santiago.

1 Pedro

Autor
El apóstol Pedro (1.1), con la ayuda de Silvano (5.12).

Fecha
Aproximadamente en el 65 A.D.

En pocas palabras
Sufrir por la causa de Jesús es noble y bueno.

Vistazo general
En la medida en que crece la iglesia primitiva, el Imperio Romano comienza a perseguir a los cristianos, por lo que Pedro les asegura que Dios todavía tiene el control: «Amados, no os sorprendáis del fuego de prueba que os ha sobrevenido, como si alguna cosa extraña os aconteciese» (4.12). ¿Cuál es la respuesta adecuada a tal sufrimiento? «Gozaos por cuanto sois participantes de los padecimientos de Cristo, para que también en la revelación de su gloria os gocéis con gran alegría» (4.13).

Digno de resaltar
Sed sobrios, y velad; porque vuestro adversario el diablo, como león rugiente, anda alrededor buscando a quien devorar (5.8).

Único e inusual
Pedro aclara con exactitud cuántas personas salieron del arca de Noé después del diluvio: ocho (3.20). Génesis indica que «Noé … y sus hijos, y su esposa, y las mujeres de sus hijos» (Génesis 7.7) fueron en el arca, pero no dice si alguno de sus hijos pudo haber tenido varias esposas.

Aplicación
La vida puede ser difícil, pero Dios siempre es bueno. Y para los cristianos, hay un día mejor más adelante.

2 Pedro

AUTOR
El apóstol Pedro (1.1).

FECHA
Tal vez a finales de los 60 A.D., un poco antes de la ejecución de Pedro.

EN POCAS PALABRAS
Cuidado con los falsos maestros dentro de la iglesia.

VISTAZO GENERAL
Las cualidades cristianas como la fe, la virtud, el conocimiento, el dominio propio, la paciencia, la piedad y el amor (1.5-8), junto con una confianza en las Escrituras (1.19-21), ayudará a los creyentes a evitar las falsas enseñanzas de los que «en secreto introducirán encubiertamente herejías destructoras, y aun negarán al Señor que los rescató» (2.1).

DIGNO DE RESALTAR
Porque no os hemos dado a conocer el poder y la venida de nuestro Señor Jesucristo siguiendo fábulas artificiosas, sino como habiendo visto con nuestros propios ojos su majestad (1.16).

El Señor no retarda su promesa, según algunos la tienen por tardanza, sino que es paciente para con nosotros, no queriendo que ninguno perezca, sino que todos procedan al arrepentimiento (3.9).

ÚNICO E INUSUAL
Pedro escribió esta carta consciente de que su muerte estaba cerca: «Sabiendo que en breve debo abandonar el cuerpo, como nuestro Señor Jesucristo me ha declarado» (1.14).

APLICACIÓN
Así que vosotros, oh amados, sabiéndolo de antemano, guardaos, no sea que arrastrados por el error de los inicuos, caigáis de vuestra firmeza (3.17).

1 JUAN

AUTOR

No se indica pero, según la tradición de la iglesia, fue el apóstol Juan.

FECHA

Aproximadamente en el 92 A.D.

EN POCAS PALABRAS

Jesús fue hombre de verdad tal como es verdadero Dios.

VISTAZO GENERAL

La Primera Carta de Juan aborda una extraña herejía que afirmaba que Jesús había venido a la tierra solo en espíritu, no en el cuerpo: «y todo espíritu que no confiesa que Jesucristo ha venido en carne, no es de Dios; y este es el espíritu del anticristo» (4.3). Juan escribió que él conocía personalmente a Jesús, por considerar que «lo que hemos oído, lo que hemos visto con nuestros ojos, lo que hemos contemplado, y palparon nuestras manos tocante al Verbo de vida» (1.1), y el conocimiento que conduce a la creencia de la salvación en Jesús. La creencia de la salvación lleva a la obediencia, pero incluso cuando pecamos, sabemos que Dios «es fiel y justo para perdonar nuestros pecados» si lo confesamos (1.9).

DIGNO DE RESALTAR

Amados, amémonos unos a otros; porque el amor es de Dios ... Dios es amor (4.7-8).

ÚNICO E INUSUAL

Esta misiva no incluye ninguna de las características habituales de las cartas de la Biblia: saludos, identificación del autor, etc. Pero es muy cálida y compasiva.

APLICACIÓN

«Estas cosas os he escrito ...*Para que sepáis que tenéis vida eterna*» (5.13, énfasis añadido).

2 Juan

Autor

El apóstol Juan, según la tradición de la iglesia. El autor se identifica solo como «el anciano» (1.1).

Fecha

Aproximadamente en el 92 A.D.

En pocas palabras

Cuidado con los falsos maestros que niegan la vida física de Jesús en la tierra.

Vistazo general

Dirigido a «la señora elegida y a sus hijos» (1.1), tal vez una familia real o, en sentido figurado, una iglesia, esta carta aborda la idea herética de que Jesús no había estado físicamente presente en la tierra. La misiva puede ser una reacción a los gnósticos, que enseñaban que Jesús fue solo espíritu y que apareció solo para sufrir y morir en la cruz. Esta enseñanza, acerca de «el engañador y el anticristo» (1.7), se debe evitar a toda costa, al punto de que impida abrirle la puerta a cualquiera de los que creen en ella (1.10).

Digno de resaltar

Y ahora te ruego, señora, no como escribiéndote un nuevo mandamiento, sino el que hemos tenido desde el principio, que nos amemos unos a otros (1.5).

Y este es el amor, que andemos según sus mandamientos (1.6).

Único e inusual

Segunda de Juan es uno de los cuatro libros del Nuevo Testamento con un solo capítulo, es la carta más breve por el número de versículos: trece.

Aplicación

Al igual que en el tiempo de Juan, los falsos maestros difunden ideas peligrosas en el mundo de hoy. Toda enseñanza debe ser sopesada contra las Escrituras, dice 2 Juan. «El que persevera en la doctrina de Cristo, ése sí tiene al Padre y al Hijo» (1.9).

3 JUAN

AUTOR

El apóstol Juan, de acuerdo a la tradición de la iglesia. El autor se identifica solo como «el anciano» (1.1).

FECHA

Aproximadamente en el 92 A.D.

EN POCAS PALABRAS

Los líderes de la Iglesia deben ser humildes, no orgullosos.

VISTAZO GENERAL

Dirigida a un creyente llamado Gayo, 3 Juan alaba a aquellos (como Gayo y otro cristiano llamado Demetrio) que «han dado testimonio de tu amor» (1.6). Pero 3 Juan también tiene palabras duras para los cristianos como Diótrefes, «al cual le gusta tener el primer lugar» (1.9) y se niegan a mostrar amabilidad y hospitalidad con los evangelistas.

DIGNO DE RESALTAR

No tengo yo mayor gozo que este, el oír que mis hijos andan en la verdad (1.4).

El que hace lo bueno es de Dios; pero el que hace lo malo, no ha visto a Dios (1.11).

ÚNICO E INUSUAL

La Tercera Carta de Juan, uno de los cuatro libros con un solo capítulo del Nuevo Testamento, es la segunda más breve por el número de versículos: catorce.

APLICACIÓN

La hospitalidad no es solo para los Martha Stewart del mundo; se espera que el cristiano alimente, hospede y aliente a otros creyentes, sobre todo a aquellos que ministran a tiempo completo para Dios. El servicio humilde a los demás sigue el ejemplo de Jesús mismo (Juan 13.14).

JUDAS

AUTOR

Judas (1.1), posiblemente medio hermano de Jesús (Mateo 13.55; Marcos 6.3).

FECHA

Aproximadamente el 82 A.D.

EN POCAS PALABRAS

Cuidado con los maestros heréticos y sus peligrosas doctrinas.

VISTAZO GENERAL

Judas aborda los mismos problemas que Pedro en su segunda carta: los falsos maestros que estaban llevando a la iglesia primitiva por el mal camino. «Murmuradores, querellosos, que andan según sus propios deseos» (1.16), llevando aparentemente la gracia de Dios como una cubierta para su estilo de vida pecaminoso e invitando a los fieles cristianos a hacer lo mismo. Los verdaderos creyentes, afirma Judas, reflejan el amor de Dios, muestran compasión y trabajan para sacar a los pecadores «del fuego» (1.23).

DIGNO DE RESALTAR

Exhortándoos que contendáis ardientemente por la fe que ha sido una vez dada a los santos (1.3).

ÚNICO E INUSUAL

Judas provee detalles de dos eventos del Antiguo Testamento que no se registran en ese mismo testamento: el arcángel Miguel lucha con Satanás sobre el cuerpo de Moisés (1.9) y la profecía de Enoc acerca de los juicios de Dios (1.14-15).

APLICACIÓN

Satanás trata de infiltrar «agentes secretos» en la iglesia de Dios para confundir y, en última instancia, aplastar a los verdaderos creyentes. Es el trabajo de todo buen cristiano «contender ardientemente por la fe» tal como fue aprobado por los discípulos de Jesús y registrado en la Biblia.

Apocalipsis

Autor
Juan (1.1), probablemente el apóstol.

Fecha
Aproximadamente el 95 A.D.

En pocas palabras
Dios juzgará el mal y recompensará a sus santos.

Vistazo general
Jesucristo mismo se encarga de organizar todo para que Juan reciba una «revelación» de las «cosas que pronto han de acontecer» (1.1). En primer lugar, en los capítulos 2—3, Jesús da las palabras de Juan que desafían y alientan a las siete iglesias: lo bueno, lo malo y lo término medio. Luego la visión cambia al gran trono real de Dios, donde Juan vio al Cordero, que «había sido inmolado» (5.6), quien rompe los siete sellos de un rollo, desatando la guerra, el hambre y otros desastres en la tierra. Un dragón y dos bestias, aliados en contra de Dios, surgen y demandan la adoración de la gente de la tierra que no ha muerto en las catástrofes anteriores. Las fuerzas satánicas y las personas que le siguen se exponen a las «siete copas de la ira de Dios» (16.1), provocando plagas, oscuridad y grandes piedras de granizo en la tierra. La conmoción destruye a «Babilonia la grande», a los arrogantes del sistema mundial y al mal, justo antes de que un ángel del cielo ate a Satanás, «la serpiente antigua» (20.2), y lo encarcele durante mil años. Después de un breve comunicado para instigar una guerra en todo el mundo, Satanás es arrojado al «lago de fuego y azufre», donde será «atormentado día y noche por los siglos de los siglos» (20.10). Dios revela «un cielo nuevo y una tierra nueva» (21.1), donde se «limpiará toda lágrima» (21.4) de los ojos de ellos.

Digno de resaltar
Bienaventurado el que lee, y los que oyen las palabras de esta profecía, y guardan las cosas en ella escritas; porque el tiempo está cerca (1.3).

El Cordero que fue inmolado es digno de tomar el poder, las riquezas, la sabiduría, la fortaleza, la honra, la gloria y la alabanza (5.12).

ÚNICO E INUSUAL

Apocalipsis es un ejemplo de la «literatura apocalíptica», el único libro tal en el Nuevo Testamento. El vocablo *Apocalíptica* implica «revelar información secreta». El libro de Apocalipsis identifica a Jesús Cristo como «el Alfa y la Omega» (1.8) y revela el número 666 como un signo de «la bestia» (13.18).

APLICACIÓN

«He leído el final del libro» —dice una vieja canción cristiana de los estados del Sur—, «¡y nosotros ganamos!» Dios les ha dado a sus hijos una vista anticipada de cómo acabará este mundo y cómo será el nuevo y mejorado que disfrutaremos para siempre. La maldición del pecado se habrá ido, viviremos en perfecta comunión con el Señor mismo, y vamos a «reinar por los siglos de los siglos» (22.5). Como que coloca nuestros días malos en perspectiva, ¿no es así?